BOŽÍ MOC

*Co je svět světem,
nebylo slýcháno,
že by někdo otevřel
oči slepého od narození.
Kdyby tento člověk nebyl od Boha,
nemohl by nic takového učinit.
(Jan 9:32-33)*

BOŽÍ MOC

Dr. Jaerock Lee

Dr. Jaerock Lee: **Boží moc**
Vydavatelství Urim Books (Zástupce: Johnny. H. Kim)
235-3, Guro-dong 3, Guro-gu, Seoul, Korea
www.urimbook.com

Všechna práva vyhrazena. Tato kniha ani žádná její část se bez předchozího písemného povolení vydavatele nesmí žádným způsobem množit, ukládat do vyhledávacího systému nebo jakoukoliv formou či jakýmkoliv způsobem rozšiřovat, ať už elektronicky, mechanicky, fotokopírováním, nahráváním nebo jinak.

Pokud není uvedeno jinak, všechny citace z Písma pocházejí z Bible svaté, ČESKÉHO EKUMENICKÉHO PŘEKLADU,®, Copyright © 1995 vydaného Českou biblickou společností. Použito s povolením.

Copyright © 2009 Dr. Jaerock Lee
ISBN: 979-11-263-1202-3 03230
Copyright překladu ©2005 Dr. Esther K. Chung. Použito s povolením.

Předtím vydáno v korejštině v roce 2004 vydavatelstvím Urim Books

První vydání září 2005
Druhé vydání srpen 2009

Úpravy: Dr. Geumsun Vin
Vnější úprava: Vydavatelství Urim Books
Více informací získáte na urimbook@hotmail.com

Předmluva

Modlím se, aby mohli všichni lidé z moci Boha Stvořitele a díky evangeliu Ježíše Krista osobně zakusit plamenné skutky Ducha svatého...

Vzdávám všechny své díky Bohu Otci, který nám požehnal k tomu, abychom mohli v jediném díle vydat poselství z jedenáctého Speciálního dvoutýdenního probuzeneckého setkání, které proběhlo v květnu 2003 pod názvem "Moc" a na kterém mnohá svědectví lidí velmi oslavila našeho Boha.

Od roku 1993, brzy po desátém výročí založení církve Manmin Central Church, začal Bůh skrze každoroční Speciální dvoutýdenní probuzenecké setkání třídit členy církve, aby získali opravdovou víru a stali se duchovními lidmi.

Počínaje probuzeneckým setkáním v roce 1999 na téma "Bůh je láska", dopouštěl Bůh na církev Manmin zkoušky požehnání, aby si naši členové uvědomili význam pravého evangelia, dosáhli zákona láskou a podobali se našemu Pánu, který projevoval úžasnou moc.

Na úsvitu nového milénia 2000 nám Bůh požehnal k tomu, že jsme mohli živě vysílat probuzenecké setkání prostřednictvím družice Mugunghwa a přes Internet, aby tak všichni lidé na světě mohli zakusit moc Boha Stvořitele, evangelium Ježíše Krista a plamenné skutky Ducha svatého. V roce 2003 se našeho probuzeneckého setkání zúčastnili diváci z asi 300 církví v Koreji a patnácti zemí.

Kniha Boží moc se pokouší představit proces, ve kterém se jedinec setkává s Bohem a obdrží jeho moc, dále různé úrovně moci, nejvyšší moc stvoření, která přesahuje hranici přípustnou pro stvořenou lidskou bytost a místa, na kterých se projevuje Boží moc.

Moc Boha Stvořitele sestupuje na jednotlivce do té míry, do jaké se on podobá Bohu, který je světlem. Navíc, když se člověk s Bohem v duchu stává jedno, může projevovat moc, kterou projevoval Ježíš. To proto, že nám v Janovi 15:7 náš Pán říká: "Zůstanete-li ve mně a zůstanou-li má slova ve vás, proste, oč chcete, a stane se vám."

Neboť jsem já sám osobně prožil radost a štěstí z osvobození ze 7 let trvajících nemocí a bolestí, abych se stal služebníkem moci, který se podobá Pánu, potom, co jsem byl povolán k tomu, abych se stal služebníkem Pána, mnoho dnů a mnohokrát jsem se postil a modlil. V Markovi 9:23 nám Ježíš říká: "Můžeš-li! Všechno je možné tomu, kdo věří." Také jsem věřil a modlil se, protože jsem se pevně držel Ježíšova příslibu: "Kdo věří ve mne, i on bude činit skutky, které já činím, a ještě větší, neboť já jdu k Otci" (Jan 14:12). V důsledku toho Bůh skrze každoroční probuzenecká setkání projevoval podivuhodná znamení a zázraky a daroval nám nesčetná uzdravení a odpovědi na modlitby. Navíc, během druhého týdne probuzeneckého setkání v roce 2003 Bůh soustředil projevy své moci na ty, kdo byli slepí, nemohli chodit, slyšet a mluvit.

Třebaže lékařská věda nesmírně pokročila a neustále pokračuje ve svém vývoji, je téměř nemožné, aby byli uzdraveni lidé, kteří ztratili zrak nebo sluch. Všemohoucí Bůh však projevoval svou moc, takže i když jsem se modlil pouze z kazatelny, dílo moci stvoření dokázalo obnovit mrtvé nervy a buňky a lidé začali vidět, slyšet a mluvit. Navíc došlo k narovnání zakřivených páteří a k uvolnění znehybněných kostí, takže lidé mohli odhodit své berle, hole a invalidní vozíky a vstávali, skákali a chodili.

Zázračné Boží dílo rovněž přesahuje prostor a čas. Lidé, kteří navštívili probuzenecké setkání prostřednictvím satelitu a přes Internet, rovněž zakusili Boží moc a vydávají svá svědectví až do dnešního dne.

Proto jsou poselství z probuzeneckého setkání v roce 2003 – na kterém se díky slova pravdy narodil bezpočet lidí, kteří pak obdrželi nový život, spasení, získali odpovědi na své otázky a uzdravení, zakusili Boží moc a velmi chválili Boha – vydána v jediném díle.

Děkuji Geumsun Vin, ředitelce vydavatelství, jejím spolupracovníkům a překladatelské kanceláři za jejich obětavou a tvrdou práci.

Kéž každý z vás zakusí moc Boha Stvořitele, evangelia Ježíše Krista a plamenné skutky Ducha svatého a kéž radost a štěstí zaplaví váš život – za to všechno se modlím ve jménu našeho Pána!

Jaerock Lee

Úvod

Četba, která slouží jako nepostradatelný průvodce, díky němuž můžete získat opravdovou víru a zakusit úžasnou Boží moc.

Vzdávám všechny své díky a slávu Bohu, který nás vedl k tomu, abychom vydali v jediném díle poselství z 'Jedenáctého speciálního dvoutýdenního probuzeneckého setkání s Dr. Jaerockem Lee', které proběhlo v květnu 2003 vprostřed veliké a úžasné Boží moci.

Kniha Boží moc vás zaplaví milostí a hlubokým dojetím, protože obsahuje devět poselství z probuzeneckého setkání, které se konalo na téma "Moc", stejně jako svědectví mnoha lidí, kteří přímo zakusili moc živého Boha a evangelia Ježíše Krista.

První poselství, "Věřit v Boha", popisuje Boží identitu, dále co to znamená věřit v Boha a způsoby, jakými se s ním můžeme setkat a zakusit jeho působení.

Ve druhém poselství, "Věřit v Pána", se probírá záměr Ježíšova příchodu na zem, proč je naším Spasitelem pouze Ježíš a proč když věříme v Pána Ježíše, získáváme spasení a odpovědi na naše modlitby.

Třetí poselství, "Nádoba krásnější než drahokam", hovoří o tom, co znamená být v Božích očích vzácnou, ušlechtilou a krásnou nádobou stejně jako o požehnáních, která na takovouto nádobu sestupují.

Čtvrté poselství, "Světlo", rozebírá duchovní světlo, dále co potřebujeme udělat, abychom se setkali s Bohem, který je světlem a požehnání, která dostaneme, když budeme chodit ve světle.

Páté poselství, "Moc světla", popisuje čtyři odlišné úrovně Boží moci, které projevují stvořené lidské bytosti skrze rozmanité barvy světla stejně jako skutečná svědectví různých druhů uzdravení, ke kterým došlo na každé úrovni. Navíc je zde představena nejvyšší moc stvoření a podrobně vysvětleny neomezená Boží moc a způsoby, jakými můžeme obdržet moc světla.

Na základě procesu, ve kterém člověk, který se narodil slepý, získal zrak potom, co se setkal s Ježíšem a na základě svědectví mnoha lidí, kteří znovu nabyli svého zraku nebo došlo k uzdravení jejich špatného zraku, vám šesté poselství, "Oči slepého se otevírají", pomůže přímo si uvědomit moc Boha Stvořitele.

V sedmém poselství, "Lidé vstávají, skáčou a chodí", je důkladně prozkoumán příběh chromého, který se dostává před Ježíše díky pomoci svých přátel, vstává a začne chodit. Navíc toto poselství rovněž osvětluje čtenářům skutky víry, se kterými musí předstoupit před Boha, aby i dnes zakusili takovouto moc.

Osmé poselství, "Lidé se radují, tančí a zpívají", se zabývá příběhem hluchoněmého, který získává uzdravení potom, co přichází před Ježíše a dále představuje způsoby, díky kterým můžeme i dnes zažít takovouto moc.

Konečně, v devátém poselství, "Neutuchající Boží prozíravost", se nacházejí jasná proroctví o posledních dnech a Boží prozíravosti pro církev Manmin Central Church – obojí byla zjevována samotným Bohem již od založení církve Manmin před více než dvaceti lety.

Kéž skrze toto dílo bezpočet lidí získá opravdovou víru, vždy zakouší moc Boha Stvořitele, Bůh si tyto lidi používá jako nádoby Ducha svatého a dosáhnou Boží prozíravosti! Takto se modlím ve jménu našeho Pána Ježíše Krista.

Geumsun Vin
Ředitelka vydavatelství

Obsah

První poselství

Věřit v Boha (Židům 11:3) · 1

Druhé poselství

Věřit v Pána (Židům 12:1-2) · 25

Třetí poselství

Nádoba krásnější než drahokam
(2 Timoteovi 2:20-21) · 47

Čtvrté poselství

Světlo (1 Janův 1:5) · 67

Páté poselství

Moc světla (1 Janův 1:5) · 85

Šesté poselství

Oči slepého se otevírají (Jan 9:32-33) · 117

Sedmé poselství

Lidé vstávají, skáčou a chodí (Marek 2:3-12) · 135

Osmé poselství

Lidé se radují, tančí a zpívají (Marek 7:31-37) · 157

Deváté poselství

Neutuchající Boží prozíravost

(Deuteronomium 26:16-19) · 179

První poselství
Věřit v Boha

Židům 11:3

*Ve víře chápeme,
že Božím slovem byly založeny světy,
takže to, na co hledíme,
nevzniklo z viditelného*

Od prvního každoročního Speciálního dvoutýdenního probuzeneckého setkání v květnu 1993 mnoho lidí přímo zakoušelo neustále rostoucí Boží moc a působení, díky kterým docházelo k uzdravování nemocí, se kterými si nedokázala poradit moderní medicína, a vyřešeny problémy, které nedokázala vyřešit věda. Za posledních sedmnáct let Bůh potvrzoval své slovo znameními, které ho doprovázely, jak můžeme koneckonců vidět v Markovi 16:20.

Poselstvími o velikých hloubkách víry, o spravedlnosti, duchu a těle, dobru a světle, lásce a podobně dovedl Bůh mnoho členů církve Manmin hlouběji do duchovního světa. Navíc nás Bůh skrze každé probuzenecké setkání vedl k tomu, abychom přímo svědčili o jeho moci, takže se ze setkání stalo světově uznávané probuzenecké setkání. V Markovi 9:23 nám Ježíš říká: "'Můžeš-li!' Všechno je možné tomu, kdo věří." Proto, jestliže máme opravdovou víru, není pro nás nic nemožné a dostaneme cokoliv, oč usilujeme.

Čemu tedy máme věřit a jak tomu máme věřit? Pokud neznáme Boha a nevěříme v něj správným způsobem, nebudeme moci zakoušet jeho moc a bude rovněž obtížné od něj získávat odpovědi na naše modlitby. Proto pochopit a správně věřit v Boha je věc nejvyšší důležitosti.

Kdo je Bůh?

Za prvé, Bůh je autorem šedesáti šesti knih Bible. 2 Timoteovi 3:16 nám připomíná: "Veškeré Písmo pochází z Božího Ducha." Bible se skládá z šedesáti šesti knih a odhaduje se, že byla zaznamenána třiceti čtyřmi různými lidmi v období 1600 let. Nejúžasnějším aspektem každé knihy Bible je však to, že navzdory skutečnosti, že byla Bible zaznamenána mnoha různými lidmi v průběhu mnoha staletí, od začátku do konce jsou spolu jednotlivé knihy v souladu a korespondují spolu navzájem. Jinými slovy, Bible je Boží slovo zaznamenané díky inspiraci různých lidí, které Bůh uznal k tomuto účelu za vhodné v různých historických obdobích a skrze něž Bůh sám sebe zjevuje. Proto ti, kdo věří, že Bible je Božím slovem a řídí se jí, mohou zakusit požehnání a milost, které Bůh zaslíbil.

Dále, Bůh je "Jsem, který jsem" (Exodus 3:14). Na rozdíl od model vytvořených lidskou představivostí nebo vyřezávaných lidskýma rukama, náš Bůh je skutečným Bohem, který existuje od věčnosti k věčnosti. Kromě toho dokážeme Boha popsat jako lásku (1 Janův 4:16), světlo (1 Janův 1:5) a soudce všech věcí na konci věků.

Nade vše ostatní však musíme pamatovat, že Bůh svou ohromující mocí stvořil všechny věci na nebi i na zemi. On je ten Všemohoucí, který od doby stvoření do dnešního dne neochvějně projevuje svou úžasnou moc.

Stvořitel všech věcí

V Genesis 1:1 najdeme, že: "Na počátku stvořil Bůh nebe a zemi." List Židům 11:3 nám říká: "Ve víře chápeme, že Božím slovem byly založeny světy, takže to, na co hledíme, nevzniklo z viditelného."

Ve stavu prázdnoty, na počátku věků, bylo všechno ve vesmíru stvořeno Boží mocí. Svou mocí Bůh stvořil slunce a měsíc na obloze, rostliny a stromy, ptáky a zvířata, ryby v mořích a člověka.

Navzdory této skutečnosti není mnoho lidí schopno uvěřit v Boha Stvořitele, protože je koncept stvoření jednoduše v přílišném rozporu s vědomostmi nebo zkušenostmi, které tito lidé získávají a mají k dispozici na tomto světě. Například v mysli takovýchto lidí není možné, aby byly všechny věci ve vesmíru stvořeny na Boží příkaz ze stavu prázdnoty.

Proto byla vytvořena evoluční teorie. Ti, kdo se drží evoluční teorie, argumentují tím, že živý organismus začal existovat náhodou, vyvinul se sám a rozmnožil se. Jestliže lidé takovouto konstrukcí poznání popírají, že Bůh stvořil vesmír, nejsou schopni věřit zbytku Bible. Nemohou uvěřit kázání o existenci nebe a pekla, protože v nebi ani v pekle nikdy nebyli, ani prohlášení o Božím Synu, který se narodil jako člověk, zemřel, byl vzkříšen a vstoupil do nebe.

Nicméně zjišťujeme, že jak se věda vyvíjí, ukazuje se omyl evoluce, zatímco opodstatněnost stvoření nepřestává získávat nové a nové podklady. Třebaže neuvádíme seznam vědeckých důkazů, existují nesčetné příklady, které svědčí o stvoření.

Důkazy, díky kterým můžeme věřit v Boha Stvořitele

Zde je jeden takový důkaz. Existuje více než dvě stě zemí a ještě mnohem více různých etnických skupin obyvatel. Avšak, ať jsou bílí, černí nebo žlutí, každý z nich má dvě oči. Každý z nich má dvě uši, jeden nos, a dvě nosní dírky. Tento model se vztahuje nejen na lidské bytosti, ale také na zvířata žijící na zemi, ptáky na obloze a ryby v moři. Jen proto, že sloní chobot je mimořádně velký a dlouhý, neznamená to, že má slon více než dvě nozdry. Každá lidská bytost, zvíře, pták a ryba mají jedny ústa a místo, na kterém jsou umístěna, je identické. Co se týče polohy každého orgánu, existují mezi různými druhy nepatrné rozdíly, ale pro většinu jsou struktura a poloha nerozeznatelné.

Jak se mohlo toto všechno přihodit "náhodou"? Toto je jeden z pevných důkazů, že jeden Stvořitel navrhnul a vytvořil bezpočet lidí, zvířat, ptáků a ryb. Kdyby existovalo více stvořitelů než jeden, byly by vzhled a struktura živých věcí tak rozdílné jako množství a preference stvořitelů. Nicméně protože náš Bůh je jediným Stvořitelem, byly všechny živé věci vytvořeny podle totožného návrhu.

Kromě toho můžeme v přírodě a ve vesmíru nalézt mnohem více důkazů, které nás všechny vedou k tomu, abychom uvěřili v to, že Bůh stvořil všechno. Jak nám říká Římanům 1:20: "Jeho věčnou moc a božství, které jsou neviditelné, lze totiž od stvoření světa vidět, když lidé přemýšlejí o jeho díle, takže nemají výmluvu," Bůh navrhnul a stvořil všechny věci, takže pravdu o jeho existenci nelze popřít ani vyvrátit.

V Abakukovi 2:18-19 nám Bůh říká: "Co prospěje tesaná modla, již vytesal její tvůrce, modla litá, učitel lži? Ať si v ni doufá její tvůrce, zhotovuje pouze němé bůžky. Běda tomu, kdo říká dřevu: 'Procitni,' kdo říká němému kameni: 'Vzbuď se.' Něco takového má být učitelem? I když je to potaženo zlatem a stříbrem, nemá to žádného ducha."
Jestliže někdo z vás sloužil modlám nebo věřil v modly, aniž

by znal Boha, musíte činit úplné pokání ze svých hříchů tak, že roztrhnete své srdce.

Biblické důkazy, díky kterým můžeme určitě věřit v Boha Stvořitele

Existuje stále mnoho lidí, kteří nemohou uvěřit v Boha navzdory nezměrnému množství důkazů, které je obklopují. Proto nám Bůh projevováním své moci ukazuje jasnější a nepopíratelnější důkazy své existence. Pomocí zázraků, které nemůže vykonat člověk, umožnil Bůh člověku uvěřit v jeho existenci a úžasné působení.

V Bibli se nachází mnoho fascinujících příkladů, kterými se projevila Boží moc. Rudé moře se rozdělilo, slunce se zastavilo nebo se vrátilo zpět a z nebe byl svržen oheň. Hořká voda v pustině se proměnila ve sladkou, pitnou vodu, zatímco ze skaliska vytryskla voda. Mrtví byli oživeni, došlo k uzdravení nemocí a zdánlivě ztracené bitvy skončily vítězstvím.

Když lidé věří ve všemohoucího Boha a dotazují se ho, mohou zakusit nepředstavitelné působení jeho moci. Proto nechal Bůh do Bible zaznamenat mnoho příkladů, kterými se projevila jeho moc a žehná nám k tomu, abychom uvěřili.

Ale skutky Boží moci nejsou v Bibli osamocené. Protože Bůh je neměnný, projevuje svou moc skrze skutečné věřící po celém světě i dnes nespočetnými znameními, zázraky a působením své moci; tak nám to zaslíbil. V Markovi 9:23 nás Ježíš ujišťuje: "'Můžeš-li!' Všechno je možné tomu, kdo věří." V Markovi 16:17-18 nám náš Pán připomíná: "Ty, kdo uvěří, budou provázet tato znamení: Ve jménu mém budou vyhánět démony a mluvit novými jazyky; budou brát hady do ruky, a vypijí-li něco smrtícího, nic se jim nestane; na choré budou vzkládat ruce a uzdraví je."

Boží moc projevovaná v církvi Manmin Central Church

V církvi Manmin Central Church, ve které sloužím jako starší pastor, se znovu a znovu projevují skutky moci Boha Stvořitele, zatímco se tato církev snaží šířit evangelium až na sám konec země. Od svého založení v roce 1982 až do

Diákonka Johanna Park, která měla být natrvalo postižená, po modlitbě odhazuje berle a chodí

dnešního dne dovedla církev Manmin díky moci Boha Stvořitele mnoho lidí na cestu spasení. Nejdůležitějšími skutky Boží moci je uzdravování nemocí a nejrůznějších postižení. Mnoho lidí s "nevyléčitelnými" nemocemi včetně rakoviny, tuberkulózy, ochrnutí, mozkové obrny, kýly, artritidy, leukémie a podobně bylo uzdraveno. Došlo k vyhnání démonů, chromí se postavili znovu na nohy a začali chodit a běhat a těm, kteří ochrnuli následkem různých nehod, se udělalo zase dobře. Navíc byli neprodleně po modlitbě uzdraveni lidé, kteří utrpěli těžké popáleniny, aniž by jim zůstaly hrozné jizvy. Jiní, jejichž těla ztuhla a oni již ztratili vědomí následkem krvácení do mozku nebo otravy plynem, ožili a ihned se zotavili. Ještě další, kteří přestali dýchat, se po modlitbě vrátili zpět k životu.

Mnoha lidem, kteří nemohli mít děti po pěti, sedmi, deseti a dokonce dvaceti letech manželství, bylo požehnáno a krátce po modlitbě počali. Nesčetní jedinci, kteří neslyšeli, neviděli a nemohli mluvit, velmi chválili Boha potom, co se jim tyto schopnosti po modlitbě vrátily.

I když věda a medicína činí rok od roku a století od století obrovský pokrok, nedokáže oživit mrtvé nervy a

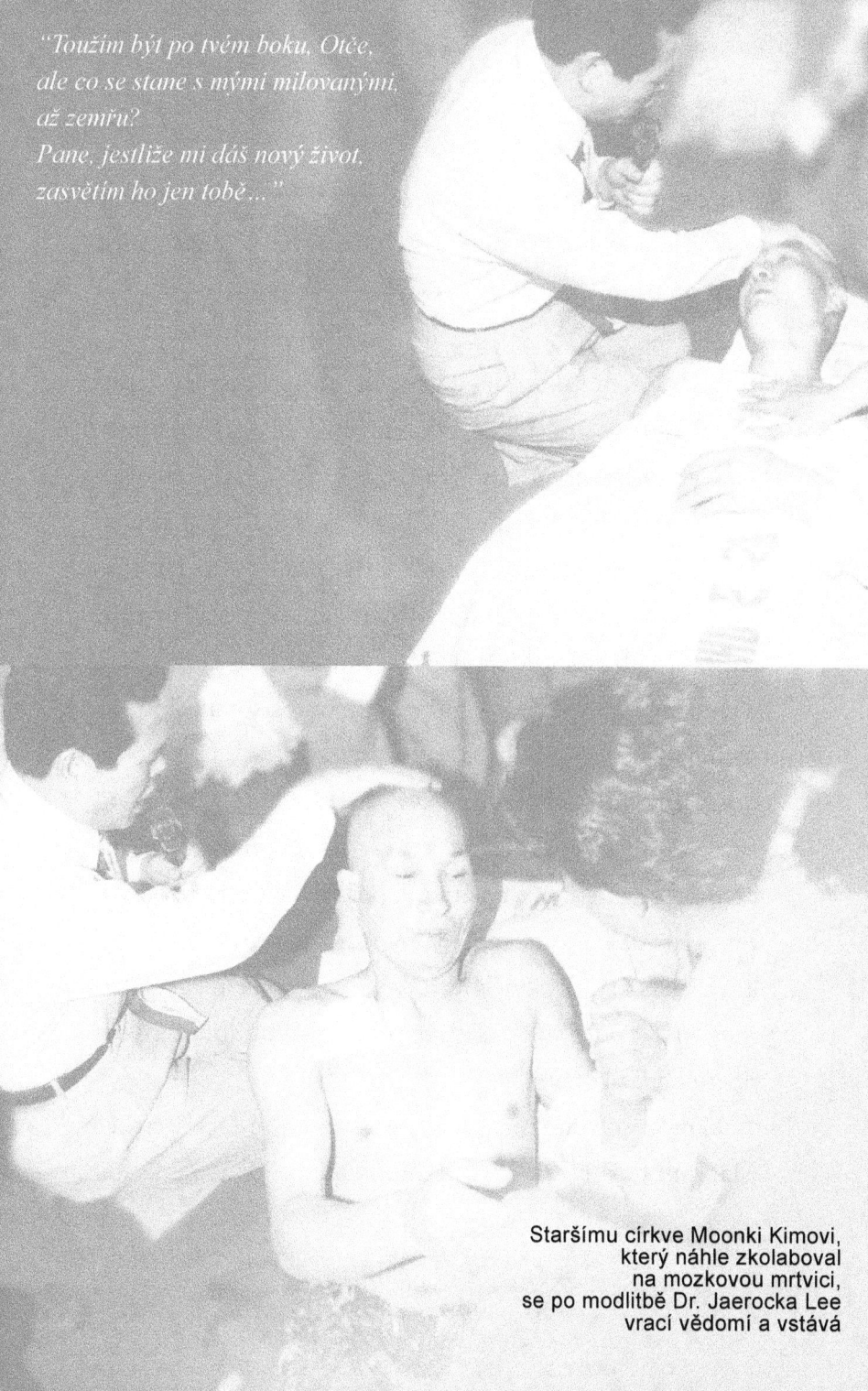

"Toužím být po tvém boku, Otče, ale co se stane s mými milovanými, až zemřu? Pane, jestliže mi dáš nový život, zasvětím ho jen tobě..."

Staršímu církve Moonki Kimovi, který náhle zkolaboval na mozkovou mrtvici, se po modlitbě Dr. Jaerocka Lee vrací vědomí a vstává uzdravit vrozenou slepotu a hluchotu. Všemohoucí Bůh je však schopen učinit cokoliv, neboť jen on dokáže stvořit něco z ničeho.

Já sám jsem zakusil moc všemohoucího Boha na vlastní kůži. Než jsem v něj uvěřil, byl jsem sedm let na prahu smrti. Měl jsem nemocné všechny části těla s výjimkou svých dvou očí, takže mi lidé přezdívali "skladiště nemocí". Marně jsem zkoušel brát východní a západní medicínu, léky na malomocenství, různé druhy bylinek, jíst medvědí a psí žlučníky, stonožky a dokonce pít tekutinu z výkalů. Během těchto sedmi let jsem vyvinul veškeré úsilí k tomu, abych se uzdravil, ale nepovedlo se. Když jsem byl na jaře 1974 na pokraji nejhlubšího zoufalství, zažil jsem neuvěřitelnou zkušenost. V momentě, kdy jsem se setkal s Bohem, on mě uzdravil ze všech mých nemocí a postižení. Od té chvíle mě Bůh vždy ochraňoval, takže jsem již nikdy nebyl nemocný. I když jsem se cítil poněkud nesvůj, co se týče nějaké části mého těla, potom, co jsem se s vírou pomodlil, jsem byl neprodleně uzdraven.

Vím, že kromě mě a mé rodiny mnoho členů církve Manmin upřímně věří ve všemohoucího Boha, a tak jsou vždy fyzicky zdraví a nejsou závislí na žádných lécích. Z vděčnosti za milost Boha Uzdravovatele nyní mnoho lidí, kteří se uzdravili, slouží církvi jako loajální Boží služebníci, starší církve, diákoni a diákonky a pracovníci církve.

Boží moc se však neomezuje na uzdravování nemocí a postižení. Od založení církve Manmin v roce 1982 se mnoho jejích členů stalo svědky nesčetných příkladů, ve kterých modlitba s vírou v Boží moc ovládla počasí, když došlo k zastavení prudkých lijáků, zakrytí členů církve mraky během horkého slunečného dne a zmizení tajfunů nebo změně jejich kurzu. Například každý červenec a srpen se napříč naší církví pořádají letní kempy. Třebaže zbytek Jižní Koreje trpí škodami způsobenými tajfuny a povodněmi, místa a části země, kde jsou postaveny kempy, často zůstávají prudkými lijáky a jinými přírodními katastrofami nepoznamenány. Mnoho členů církve Manmin rovněž pravidelně vídá duhu, dokonce i v průběhu dne, kdy předtím nezapršelo.

Existuje ještě úžasnější stránka Boží moci. Skutky Boží moci se projevují i tehdy, když se za nemocné lidi přímo nemodlím. Mnoho lidí velmi chválilo Boha potom, co získali uzdravení a požehnání skrze "Modlitbu za nemocné" vyřčenou z kazatelny za celé shromáždění lidí a "Modlitbu" zaznamenanou na kazetě, skrze vysílání přes Internet a systém automatické telefonní odpovědi.

Navíc ve Skutcích 19:11-12 najdeme: "Bůh konal skrze Pavla neobvyklé mocné činy. Lidé dokonce odnášeli k nemocným šátky a zástěry, kterých se dotkl, a zlí duchové je opouštěli." Podobně se projevují skutky zázračné Boží moci skrze šátky, na kterých jsem se předtím modlil.

Navíc, když vložím ruce na fotografii nemocného a pomodlím se, dochází na celém světě k uzdravování, které přesahuje prostor a čas. Proto, když vedu zahraniční kampaně, jsou lidé Boží mocí, která přesahuje prostor a čas, ihned uzdraveni ze všech nemocí a postižení včetně smrtelné nemoci AIDS.

Zakusit Boží moc

Znamená to, že každý, kdo věří v Boha, může zakoušet ohromující skutky Boží moci a získávat požehnání a odpovědi na své modlitby? Mnoho lidí prohlašuje svou víru v Boha, ale ne všichni zažívají tuto moc. Boží moc můžete zakoušet pouze tehdy, když se vaše víra v Boha projevuje skutky a Bůh na to odpoví: "Vím, že ve mě věříš."

Bůh považuje za "víru" pouhou skutečnost, že někdo poslouchá kázání a chodí na bohoslužby. Nicméně abyste získali opravdovou víru, skrze kterou můžete od Boha získávat uzdravení a odpovědi na své modlitby, musíte nejprve o Bohu slyšet a vědět, kdo Bůh je, proč je Ježíš naším Spasitelem a vědět o existenci nebe a pekla. Když pochopíte tyto věci, učiníte pokání ze svých hříchů, přijmete Ježíše jako svého Spasitele a obdržíte Ducha svatého, získáte právo Božího dítěte. Toto je první krok směrem k opravdové víře.

Lidé, kteří mají opravdovou víru, budou projevovat skutky, které o takovéto víře svědčí. Bůh uvidí tyto skutky víry a odpoví na touhy jejich srdce. Ti, kdo zažívají skutky Boží moci, projevují Bohu důkazy víry a Bůh je uznává.

Zalíbit se Bohu skutky víry

Následuje několik příkladů z Bible.

Prvním příkladem, který se nachází v 5. kapitole 2 Královské, je příběh o Naamánovi, veliteli vojska aramejského krále. Naamán zakusil působení Boží moci potom, co projevil skutky své víry tím, že poslechl proroka Elíšu, skrze kterého mluvil Bůh. Naamán byl význačný generál aramejského království. Když dostal malomocenství, navštívil Naamán Elíšu, o kterém se říkalo, že koná zázračné divy. Nicméně když tento vlivný a uznávaný generál, jako byl Naamán, dorazil k Elíšovi s velikým množstvím zlata, stříbra a šatů, prorok Naamánovi po poslovi pouze vzkázal: "Jdi, omyj se sedmkrát v Jordánu a tvé tělo bude opět zdravé." (v. 10). Nejprve byl Naamán očividně do značné míry rozhněvaný, protože se mu od proroka nedostalo řádného ošetření. Kromě toho, místo, aby se za něho Elíša modlil, vzkázal mu, aby se šel sám omýt v Jordánu. Naamán však brzy změnil svůj názor a poslechl. Ačkoliv nebyla Elíšova slova podle jeho představ a nesouhlasil s jeho nápadem, byl Naamán odhodlaný Božího proroka alespoň zkusit poslechnout.

Do chvíle, kdy se Naamán šestkrát ponořil do řeky

Jordán, nenastaly s jeho malomocenstvím žádné viditelné změny. Když se však Naamán ponořil do řeky po sedmé, jeho tělo bylo obnoveno a bylo čisté jako tělo malého chlapce (v. 14).

V duchovním významu symbolizuje "voda" Boží slovo. Skutečnost, že se Naamán ponořil do Jordánu, znamená, že podle Božího slova byl Naamán očištěn ze svých hříchů. Navíc, číslovka "sedm" znamená dokonalost; fakt, že se Naamán ponořil do řeky "sedmkrát" znamená, že tento generál získal úplné odpuštění.

Ze stejného důvodu, pokud toužíme získávat od Boha odpovědi, musíme nejprve učinit úplné pokání ze všech svých hříchů způsobem, jakým to udělal Naamán. Pokání však nekončí tím, že pouze řekneme: "Činím pokání. Dělal jsem špatné věci." Měli byste "roztrhnout své srdce" (Jóel 2:13). Kromě toho, když činíte úplné pokání ze svých hříchů, musíte se rozhodnout, že se stejného hříchu nikdy nedopustíte znovu. Až potom bude hradba z hříchů mezi vámi a Bohem zbořena, uvnitř vás vyraší štěstí, vyřeší se vaše problémy a vy dostanete odpovědi na skryté touhy svého srdce.

Za druhé, ve 3. kapitole 1. knihy Královské Šalomoun na oltáři obětoval Bohu tisíc zápalných obětí. Skrze tyto oběti Šalomoun projevil skutky své víry, aby od Boha získal odpovědi. V důsledku toho obdržel od Boha nejenom to, oč žádal, ale i to, oč nežádal.

Aby Šalomoun obětoval Bohu tisíc zápalných obětí, vyžadovalo to od něj velikou dávku oddanosti. Kvůli každé oběti musel král chytit zvíře a připravit ho k obětování. Dokážete si představit, kolik času, úsilí a peněz muselo stát vykonat takových obětí tisíc? Taková oddanost, kterou král Šalomoun projevil, by nebyla možná bez toho, aby král věřil v živého Boha.

Když viděl Bůh tuto Šalomounovu oddanost, dal mu nejenom moudrost, o kterou Šalomoun původně usiloval, ale také bohatství a slávu – tak aby nebyl nikdo jemu podobný mezi králi po všechny jeho dny.

A konečně v 15. kapitole Matoušova evangelia máme příběh o ženě ze syrské Fénicie, jejíž dcera byla posedlá démonem. Představila před Ježíše s pokorným a neměnným srdcem, požádala Ježíše o uzdravení a nakonec získala, po čem její srdce toužilo. Nicméně, na naléhavou prosbu ženy Ježíš nejprve neodpověděl: "Tak dobře, ať je tvá dcera uzdravena." Místo toho řekl ženě: "Nesluší se vzít chleba dětem a hodit jej psům" (v. 26). Přirovnal ženu k psovi. Pokud by žena neměla žádnou víru, byla by buď v hrozných rozpacích, nebo by u ní propukl nekontrolovatelný hněv. Tato žena ale měla víru, která ji ujistila o Ježíšově odpovědi, a proto nebyla ani zklamaná ani zdrcená. Místo toho se k Ježíši přiblížila ještě pokorněji. "Ovšem, Pane," řekla žena Ježíši, "jenže i psi se živí z drobtů, které spadnou ze stolu jejich pánů." Tu Ježíše velmi potěšila víra této ženy a její démonem posedlou dceru ihned uzdravil.

Podobně, jestliže chceme od Boha získat uzdravení a odpovědi na naše modlitby, musíme projevit svou víru až do konce. Navíc, pokud máte víru, díky které můžete od Boha získávat odpovědi, musíte sami fyzicky předstoupit před Boha.

Samozřejmě, protože se Boží moc ve značné míře projevuje v církvi Manmin Central Church, je možné získat uzdravení pomocí šátku, na kterém jsem se předtím modlil nebo prostřednictvím fotografie. Nicméně pokud je ten, kdo je nemocný, v kritickém stavu nebo v zahraničí, musí tato osoba sama předstoupit před Boha. Zakusit Boží moc může někdo jen tehdy, pokud uslyší Boží slovo a získá víru. Kromě toho, pokud je člověk mentálně retardovaný nebo posedlý démonem, a proto nemůže předstoupit před Boha ze své vlastní víry, potom musí stejně jako žena ze syrské Fénicie předstoupit před Boha jeho jménem s láskou a vírou jeho rodiče nebo rodina.

Mimo tyto případy existuje mnohem více důkazů víry. Například, v obličeji toho, kdo získá víru, díky které může dostávat od Boha odpovědi, se vždy zračí štěstí a vděčnost. V Markovi 11:24 nám Ježíš říká: "Proto vám pravím: Věřte, že všecko, oč v modlitbě poprosíte, je vám dáno a budete to mít." Máte-li opravdovou víru, můžete být za všech časů pouze spokojení a vděční. Navíc, jestliže prohlašujete, že věříte v Boha, budete poslouchat Boží slovo a žít podle něj. Protože Bůh je světlo, budete usilovat o to chodit ve světle a proměňovat se.

Bohu se líbí naše skutky víry a odpovídá na touhy našeho srdce. Máte takovou víru a takovou míru víry, kterou Bůh uznává?

V Židům 11:6 se nám připomíná: "Bez víry však není možné zalíbit se Bohu. Kdo k němu přistupuje, musí věřit, že Bůh jest a že se odměňuje těm, kdo ho hledají."

Kéž se každý z vás správným pochopením toho, co znamená věřit v Boha a svými projevy víry zalíbí Bohu, zakouší jeho moc a vede požehnaný život. Takto se modlím ve jménu našeho Pána Ježíše Krista!

Druhé poselství
Věřit v Pána

Židům 12:1-2

Proto i my,
obklopeni takovým zástupem svědků,
odhoďme všecku přítěž i hřích,
který se nás tak snadno přichytí,
a vytrvejme v běhu,
jak je nám uloženo,
s pohledem upřeným na Ježíše,
který vede naši víru od počátku až do cíle.
Místo radosti, která se mu nabízela, podstoupil kříž,
nedbaje na potupu;
proto usedl po pravici Božího trůnu

V dnešní době již mnoho lidí slyšelo jméno "Ježíš Kristus". Překvapující množství lidí však neví, proč je Ježíš jediným Spasitelem lidstva nebo proč získáme spasení pouze tehdy, když uvěříme v Ježíše Krista. Mnohem horší je, že existují křesťané, kteří nejsou schopni odpovědět na výše položené otázky, třebaže přímo souvisejí se spasením. To znamená, že tito křesťané vedou své životy v Kristu, aniž by plně pochopili duchovní význam těchto otázek.

Proto můžeme zakoušet Boží moc pouze tehdy, když opravdu víme a rozumíme tomu, proč je Ježíš naším jediným Spasitelem, co znamená přijmout ho, věřit v něho a mít opravdovou víru.

Někteří lidé jednoduše považují Ježíše za jednoho ze čtyř velikých svatých. Jiní o něm smýšlejí jako o zakladateli křesťanství nebo jako o velmi ušlechtilém člověku, který během svého života vykonal mnoho dobrých věcí.

Nicméně ti z nás, kteří se stali Božími dětmi, musí být schopni vyznat, že Ježíš je Spasitel lidstva, který vykoupil všechny lidi z jejich hříchů. Jak jen vůbec můžeme přirovnávat jediného Božího Syna, Ježíše Krista, k lidským bytostem, pouhým stvořením? Dokonce i v Ježíšově době nacházíme důkazy o tom, že zde existovalo mnoho odlišných pohledů na Ježíše, kterými o něm lidé smýšleli.

Spasitel, Syn Boha Stvořitele

V 16. kapitole Matoušova evangelia se nachází scéna, ve které se Ježíš ptá svých učedníků: "Za koho lidé pokládají Syna člověka?" (v. 13). Při vyjmenovávání odpovědí různých lidí učedníci odpověděli: "Jedni za Jana Křtitele, druzí za Eliáše, jiní za Jeremiáše nebo za jednoho z proroků" (v. 14). Potom se Ježíš zeptal svých učedníků: "A za koho mne pokládáte vy?" (v. 15). Když Petr odpověděl: "Ty jsi Mesiáš, Syn Boha živého" (v. 16), Ježíš ho pochválil: "Blaze tobě, Šimone Jonášův, protože ti to nezjevilo tělo a krev, ale můj Otec v nebesích" (v. 17). Skrze nesčetné skutky Boží moci, které Ježíš projevoval, si byl Petr jistý tím, že on je Syn Boha Stvořitele a Kristus, Spasitel lidstva.

Na počátku Bůh stvořil člověka z prachu země podle svého obrazu a zavedl ho do zahrady Eden. V zahradě byly strom života a strom poznání dobrého a zlého a Bůh prvnímu člověku Adamovi přikázal: "Z každého stromu zahrady smíš jíst. Ze stromu poznání dobrého a zlého však nejez. V den, kdy bys z něho pojedl, propadneš smrti" (Genesis 2:16-17).

Potom, co uplynul dlouhý čas, byli první muž a žena, Adam a Eva, svedeni hadem, kterého navedl satan, a neuposlechli Boží příkaz. Nakonec ze stromu poznání dobrého a zlého pojedli a byli ze zahrady Eden vyhnáni. Jako následek jejich skutků zdědili potomci Adama a Evy jejich hříšnou přirozenost. Navíc, jak Bůh pověděl Adamovi, že propadne smrti, duch každého z jeho potomků byl veden k věčné smrti.

Proto před počátkem věků připravil Bůh cestu spasení v podobě Ježíše Krista, Syna Boha Stvořitele. Jak nám říkají Skutky 4:12: "V nikom jiném není spásy; není pod nebem jiného jména, zjeveného lidem, jímž bychom mohli být spaseni," v historii neexistuje nikdo kromě Ježíše Krista, kdo by měl předpoklad k tomu stát se Spasitelem lidstva.

Boží prozíravost, která byla skryta před počátkem věků

1 Korintským 2:6-7 nám říká: "Moudrosti sice učíme, ale jen ty, kteří jsou dospělí ve víře - ne ovšem moudrosti tohoto věku či vládců tohoto věku, spějících k záhubě, nýbrž moudrosti Boží, skryté v tajemství, kterou Bůh od věčnosti určil pro naše oslavení." 1 Korintským 2:8-9 pokračuje, aby nám připomněl: "Tu moudrost nikdo z vládců tohoto věku nepoznal; neboť kdyby ji byli poznali, nebyli by ukřižovali Pána slávy. Ale jak je psáno: 'Co oko nevidělo a ucho neslyšelo, co ani člověku na mysl nepřišlo, připravil Bůh těm, kdo ho milují.'" Musíme si uvědomit, že cesta ke spasení, kterou Bůh připravil pro lidstvo před počátkem věků, je cesta kříže Ježíše Krista a toto je Boží moudrost, která byla skryta.

Bůh jako Stvořitel vždy vládne nade vším ve vesmíru a

řídí historii lidstva. Král nebo prezident země vládne své zemi podle zákona země; hlavní výkonný pracovník společnosti dohlíží na svou společnost podle jejích směrnic; a hlava domácnosti dohlíží na svou rodinu podle pravidel této rodiny. Podobně, třebaže Bůh je pánem všech věcí ve vesmíru, vždy vládne všem věcem podle zákona duchovního světa, jak můžeme vidět v Bibli.

Podle zákona duchovního světa existuje nařízení: "Mzdou hříchu je smrt" (Římanům 6:23), které trestá viníka a existuje rovněž nařízení, které nás může vykoupit z našich hříchů. Proto Bůh použil toto nařízení, aby nás vykoupil z našich hříchů a obnovil autoritu, která byla postoupena nepříteli ďáblu díky Adamově neposlušnosti.

Jaké bylo nařízení, podle kterého mohlo být lidstvo vykoupeno a mohla být podle něj obnovena autorita, kterou první člověk Adam zanechal nepříteli ďáblu? Bůh připravil cestu spasení pro lidstvo již před počátkem věků podle "práva vykoupení země".

Ježíš Kristus má předpoklady podle práva vykoupení země

Bůh dal Izraelitům "právo vykoupení země," které přikazovalo následující: země se nesměla prodat bez práva na zpětnou koupi; když někdo zchudnul a odprodal svou zemi, mohl k němu přijít jeho příbuzný jako zastánce a zemi vyplatit nebo tak mohl později učinit on sám, čímž se obnovilo vlastnictví země (Leviticus 25:23-28).

Bůh předem věděl, že Adam zanechá kvůli své neposlušnosti autoritu, kterou obdržel od Boha, ďáblu. Navíc jako skutečný a původní Vlastník všech věcí ve vesmíru předal Bůh ďáblu autoritu a slávu, které měl kdysi Adam, jak vyžadoval zákon duchovního světa. Proto, když ďábel pokoušel Ježíše ve 4. kapitole Lukášova evangelia a ukazoval mu všechna království světa, mohl Ježíši říct: "Tobě dám všechnu moc i slávu těch království, poněvadž mně je dána, a komu chci, tomu ji dám" (Lukáš 4:6).

Podle zákona vykoupení země patří veškerá země Bohu. Proto člověk nemůže nikdy zemi natrvalo prodat bez práva na zpětnou koupi, a když se objeví osoba s řádnými předpoklady, prodaná země musí být této osobě vrácena. Podobně všechny věci ve vesmíru patří Bohu, takže je Adam nemohl natrvalo "prodat" a ani ďábel je nemůže vlastnit nastálo. Proto, když se objevil jedinec, který měl dostatečné předpoklady k tomu, aby vykoupil Adamovu ztracenou autoritu, neměl nepřítel ďábel žádnou jinou volbu, než se autority, kterou od Adama získal, vzdát.

Před počátkem věků připravil spravedlivý Bůh nevinného člověka s předpoklady podle zákona vykoupení země a touto cestou spasení pro lidstvo je Ježíš Kristus.

Jak tedy mohl Ježíš Kristus podle zákona vykoupení země obnovit autoritu, která byla předána nepříteli ďáblu? Pouze, když Ježíš splnil následující čtyři předpoklady, mohl vykoupit celé lidstvo z jeho hříchů a obnovit autoritu, která byla předána nepříteli ďáblu.

Za prvé, vykupitel musí být člověk, Adamův "příbuzný zastánce".

Leviticus 25:25 nám říká: "Když tvůj bratr zchudne a

odprodá něco ze svého vlastnictví, přijde k němu jeho příbuzný jako zastánce a vyplatí, co jeho bratr prodal." Protože "příbuzný zastánce" mohl vykoupit zemi, aby obnovil autoritu, kterou Adam ztratil, musí být tento "příbuzný zastánce" člověk. V 1 Korintským 15:21-22 čteme: "A jako vešla do světa smrt skrze člověka, tak i zmrtvýchvstání: jako v Adamovi všichni umírají, tak v Kristu všichni dojdou života." Jinými slovy, jako vstoupila do světa smrt skrze neposlušnost jednoho člověka, musí se uskutečnit zmrtvýchvstání mrtvého ducha skrze jednoho člověka.

Ježíš Kristus je "Slovo [které] se stalo tělem" a přišlo na tuto zem (Jan 1:14). On je Boží Syn, narozený v těle s božskou i lidskou přirozeností. Kromě toho je jeho narození historickým faktem a existuje mnoho důkazů, které této skutečnosti nasvědčují. Nejpozoruhodnějším je ten, že se historie lidstva udává použitím "B.C." nebo-li "Před Kristem" a "A.D." nebo-li v latině "Anno Domini", což znamená "léta Páně".

Protože přišel Ježíš Kristus na tento svět v těle, je

Adamův "příbuzný zastánce" a splňuje tento první předpoklad.

Za druhé, vykupitel nesmí být Adamův potomek.

Jedinec, který má ostatní vykoupit z jejich hříchů, nesmí být sám hříšníkem. Všichni potomci Adama, který se sám díky své neposlušnosti stal hříšníkem, jsou hříšníky. Proto podle práva vykoupení země nesmí být vykupitel Adamův potomek.

Ve Zjevení 5:1-3 stojí následující:

A v pravici toho, který sedí na trůnu, spatřil jsem knihu úplně popsanou, zapečetěnou sedmi pečetěmi. Tu jsem uviděl mocného anděla, který vyhlásil velikým hlasem: "Kdo je hoden otevřít tu knihu a rozlomit její pečetě?" Ale nikdo na nebi ani na zemi ani pod zemí nemohl tu knihu otevřít a podívat se do ní.

Kniha "zapečetěná sedmi pečetěmi" se zde vztahuje na

smlouvu uzavřenou mezi Bohem a ďáblem potom, co Adam neuposlechl Boha a ten, kdo je "hoden otevřít tu knihu a rozlomit její pečetě", musí mít předpoklady podle práva vykoupení země. Když se apoštol Jan rozhlédl okolo po někom, kdo by mohl knihu otevřít a rozlomit její pečetě, nemohl nikoho najít.

Jan vzhlédl k nebi a uviděl anděly, ale ne lidi. Podíval se na zem a viděl pouze Adamovy potomky, samé hříšníky. Podíval se pod zem a uviděl pouze hříšníky předurčené k peklu a bytosti, které patří k ďáblu. Jan velmi zaplakal, že se nenašel nikdo, kdo by byl podle práva vykoupení země oprávněn tu knihu otevřít (v. 4).

Potom jeden ze starců Jana utěšoval a pověděl mu: "Neplač. Hle, zvítězil lev z pokolení Judova, potomek Davidův; on otevře tu knihu sedmkrát zapečetěnou" (v. 5).

"Lev z pokolení Judova, potomek Davidův" se zde vztahuje na Ježíše, který je z pokolení Judova a domu Davidova; Ježíš Kristus je oprávněn stát se vykupitelem podle práva vykoupení země.

V Matoušovi 1:18-21 nalézáme podrobnou zprávu o narození našeho Pána:

Narození Ježíšovo událo se takto: Jeho matka Maria byla zasnoubena Josefovi, ale dříve, než se sešli, shledalo se, že počala z Ducha svatého. Její muž Josef byl spravedlivý a nechtěl ji vystavit hanbě; proto se rozhodl propustit ji potají. Ale když pojal ten úmysl, hle, anděl Páně se mu zjevil ve snu a řekl: "Josefe, synu Davidův, neboj se přijmout Marii, svou manželku; neboť co v ní bylo počato, je z Ducha svatého. Porodí syna a dáš mu jméno Ježíš; neboť on vysvobodí svůj lid z jeho hříchů."

Důvod, proč jediný Boží Syn Ježíš Kristus přišel na tento svět v těle (Jan 1:14) skrze lůno panny Marie je ten, že Ježíš musel být člověkem, ale ne Adamovým potomkem, aby mohl mít předpoklady podle práva vykoupení země.

Za třetí, vykupitel musí mít moc.

Předpokládejme, že mladší bratr zchudne a prodá zemi a

jeho starší bratr chce pro svého mladšího bratra zemi vykoupit zpět. Potom musí starší bratr získat dostatečné prostředky k tomu, aby zemi vykoupil (Leviticus 25:26). Podobně, jestliže má mladší bratr veliký dluh a jeho starší bratr chce dluh splatit, může tak starší bratr učinit, jestliže k tomu má "dostatečné prostředky", ne pouze dobrý záměr. Ze stejného důvodu, abychom proměnili hříšníka ve spravedlivého člověka, jsou nezbytné "dostatečné prostředky" nebo moc. Zde se moc vykoupit zemi vztahuje na moc vykoupit celé lidstvo z jeho hříchů. Jinými slovy, vykupitel celého lidstva, který má předpoklady podle práva vykoupení země, nemůže mít žádné hříchy.

Protože Ježíš Kristus není Adamovým potomkem, nemá prvotní hřích. Ježíš Kristus se ani sám nedopustil žádného hříchu, neboť během svých 33 let života na zemi dodržoval celý zákon. Osmý den po svém narození byl Ježíš obřezán a před svou tříletou službou bezvýhradně poslouchal a velmi miloval své rodiče a oddaně dodržoval všechna přikázání.

Proto nám Židům 7:26 říká: "To je ten velekněz, jakého jsme potřebovali: svatý, nevinný, neposkvrněný, oddělený od hříšníků a vyvýšený nad nebesa." V 1 Petrově 2:22-23 najdeme: "On [Kristus] hříchu neučinil a v jeho ústech nebyla nalezena lest. Když mu spílali, neodplácel spíláním; když trpěl, nehrozil, ale vkládal vše do rukou toho, jenž soudí spravedlivě."

Za čtvrté, vykupitel musí mít lásku.

Aby bylo naplněno právo vykoupení země, je kromě tří výše uvedených podmínek zapotřebí láska. Bez lásky starší bratr, který je schopen vykoupit zemi pro svého mladšího bratra, zemi nevykoupí. I kdyby byl starší bratr nejbohatším mužem v zemi, zatímco by měl jeho mladší bratr dluhy astronomických rozměrů, bez lásky starší bratr mladšímu bratrovi nepomůže. Co dobrého by moc a bohatství staršího bratra udělaly pro mladšího bratra?

Ve 4. kapitole knihy Rút je příběh o Bóazovi, který si byl dobře vědom toho, v jakých podmínkách se nachází tchyně od Rút jménem Noemi. Když Bóaz požádal "příbuzného zastánce", aby vykoupil Noemino dědictví, příbuzný zastánce odpověděl: "Nemohu je vykoupit pro sebe, aniž bych zničil vlastní dědictví. Použij pro sebe mého výkupního práva; já vykoupit nemohu" (v. 6). Poté Bóaz, ve své přetékající lásce, vykoupil zemi pro Noemi. Potom Bůh Bóazovi velmi požehnal a on stal Davidovým předkem.

Ježíš, který přišel na tento svět v těle, nebyl Adamovým potomkem, protože byl počat z Ducha svatého, a nedopustil se žádného hříchu. Z tohoto důvodu měl "dostatečné prostředky" k tomu, aby nás vykoupil. Pokud by ale Ježíš neměl žádnou lásku, nebyl by vydržel muka při ukřižování. Avšak Ježíš byl tak plný lásky, že byl ukřižován pouhými Božími stvořeními, prolil všechnu svou krev a vykoupil lidstvo, čímž otevřel cestu ke spasení. To je výsledek nesmírné lásky našeho Boha Otce a oběti Ježíše, který byl poslušný až na smrt.

Důvod, proč Ježíš visel na dřevě

Proč byl Ježíš pověšen na dřevěný kříž? Aby se naplnil zákon duchovního světa, který předpisuje, že: "Ale Kristus nás vykoupil z kletby zákona tím, že za nás vzal prokletí na sebe, neboť je psáno: 'Proklet je každý, kdo visí na dřevě'" (Galatským 3:13). Ježíš visel na dřevě za nás, aby mohl vykoupit nás hříšníky z "kletby zákona".

Leviticus 17:11 nám říká: "V krvi je život těla. Já jsem vám ji určil na oltář k vykonávání smírčích obřadů za vaše životy. Je to krev; pro život, který je v ní, se získává smíření." V Židům 9:22 čteme: "Podle zákona se skoro vše očišťuje krví, a bez vylití krve není odpuštění." Krev je život, protože bez vylití krve "není odpuštění". Ježíš prolil svou vzácnou a nevinnou krev, abychom my mohli získat život.

Navíc, skrze jeho utrpení na kříži jsou věřící osvobozeni z kletby nemocí, postižení, chudoby a podobně. Protože Ježíš žil během svého života na zemi v chudobě, zajímal se o naši chudobu. Neboť Ježíš byl bičován, jsme my osvobozeni ze všech svých nemocí. Protože Ježíš nesl trnovou korunu, vykoupil nás z hříchů, kterých se dopouštíme ve svých myšlenkách. Jelikož byl Ježíš přibit na kříž skrze nohy a ruce, vykoupil nás ze všech našich hříchů, kterých se dopouštíme svýma rukama a nohama.

Věřit v Pána znamená proměnit se v pravdu

Lidé, kteří opravdově chápou prozíravost skrytou za křížem a věří jí z hloubi svého srdce, se zbaví svých hříchů a budou žít podle Boží vůle. Jak nám říká Ježíš v Janovi 14:23: "Kdo mě miluje, bude zachovávat mé slovo, a můj Otec ho bude milovat; přijdeme k němu a učiníme si u něho příbytek," takoví lidé získají Boží lásku a požehnání.

Proč tedy lidé, kteří vyznávají svou víru v Pána, nedostávají odpovědi na své modlitby a žijí uprostřed zkoušek a trápení? Je to proto, že i když mohou říkat, že věří v Boha, Bůh nepovažuje jejich víru za opravdovou víru. To znamená, že navzdory tomu, že slyšeli Boží slovo, se ještě nezbavili svých hříchů a neproměnili v pravdu.

Například, existuje bezpočet věřících, kteří selhávají v zachovávání desatera přikázání, základů života v Kristu. Takovíto jedinci si uvědomují příkaz: "Pamatuj na den odpočinku, že ti má být svatý." Oni však navštěvují pouze ranní bohoslužbu nebo nenavštěvují vůbec žádnou bohoslužbu a v den odpočinku si jdou po své vlastní práci.

Vědí, že mají dávat desátky, ale protože jsou jim peníze příliš drahé, selhávají v tom dávat celý desátek. Když nám Bůh konkrétně řekl, že nedávání celého desátku je "okrádání" Boha, jak od něj mohou tito lidé dostávat odpovědi a požehnání (Malachiáš 3:8)?

Potom existují takoví věřící, kteří neodpouštějí chyby a omyly druhých. Nahněvají se a vymýšlejí plány, jak odplatit stejnou měrou špatnosti. Někteří učiní slib, ale znovu a znovu ho porušují, zatímco druhé obviňují a hořekují přesně tak, jak to dělají lidé ze světa. Jak o nich můžeme říct, že mají opravdovou víru?

Máme-li opravdovou víru, musíme usilovat o to dělat všechny věci podle Boží vůle, vyhýbat se veškeré špatnosti a podobat se našemu Pánu, který se vzdal svého vlastního života za nás hříšníky. Takoví lidé dokážou odpouštět a milovat ty, kteří je nenávidí nebo zraňují a vždy sloužit druhým a obětovat se za ně.

Když se zbavíte prchlivosti, budete proměněni v laskavého člověka, jehož rty budou pronášet pouze dobrá a vřelá slova. Jestliže jste si předtím na všechno stěžovali, díky opravdové víře se proměníte tak, že budete vzdávat díky za všech okolností a sdílet milost se všemi, kteří jsou okolo vás.

Pokud jsme opravdu uvěřili v Pána, každý z nás se mu musí podobat a vést proměněný život. To je způsob, jak získávat Boží odpovědi a požehnání.

Epištola Židům 12:1-2 nám říká:

Proto i my, obklopeni takovým zástupem svědků, odhoďme všecku přítěž i hřích, který se nás tak snadno přichytí, a vytrvejme v běhu, jak je nám uloženo, s pohledem upřeným na Ježíše, který vede naši víru od počátku až do cíle. Místo radosti, která se mu nabízela, podstoupil kříž, nedbaje na potupu; proto usedl po pravici Božího trůnu.

Kromě mnoha praotců víry, které nalézáme v Bibli, existuje okolo nás mnoho lidí, kteří získali spasení a požehnání díky své víře v našeho Pána.
Získejme opravdovou víru jako "veliký zástup svědků"!

Odhoďme všechno, co nám v tom brání a hřích, který se nás tak snadno přichytí, a usilujme o to podobat se Pánu! Až potom, jak nám Ježíš zaslibuje v Janovi 15:7: "Zůstanete-li ve mně a zůstanou-li má slova ve vás, proste, oč chcete, a stane se vám," bude každý z nás vést život, který je naplněn Božími odpověďmi a požehnáním.

Pokud ještě takový život nevedete, podívejte se zpět na svůj život, roztrhněte své srdce a čiňte pokání z toho, že jste správně nevěřili v Pána a rozhodněte se žít pouze podle Božího slova.

Kéž každý z vás získá opravdovou víru, zakusí Boží moc a oslavuje Boha všemi jeho odpověďmi a požehnáním. Takto se modlím ve jménu našeho Pána Ježíše Krista!

Třetí poselství
Nádoba krásnější než drahokam

2 Timoteovi 2:20-21

*Ve velké domácnosti
nejsou jen zlaté a stříbrné nádoby,
nýbrž i dřevěné a hliněné,
jedny pro cenné věci, druhé na odpadky.
Kdo se od těch falešných nauk očistí, bude nástrojem
vznešeným,
posvěceným, užitečným pro hospodáře,
připraveným ke každému dobrému dílu*

Bůh stvořil lidstvo, aby mohl sklízet skutečné děti, se kterými by mohl sdílet opravdovou lásku. Lidé však zhřešili, přišli o pravý účel svého stvoření a stali se otroky nepřítele ďábla a satana (Římanům 3:23). Bůh lásky se však nevzdal svého cíle sklízet skutečné děti. Otevřel pro lidi nacházející se vprostřed hříchu cestu ke spasení. Nechal svého jediného Syna Ježíše ukřižovat na kříži, aby mohl vykoupit všechny lidi z hříchů.

Díky této úžasné lásce doprovázené velikou obětí byla pro každého, kdo věří v Ježíše Krista, otevřena cesta ke spasení. Právo Božího dítěte je tak dáno každému, kdo ve svém srdci věří, že Ježíš zemřel a znovu vstal z hrobu, a kdo svými rty vyzná, že Ježíš je jeho Spasitel.

Milované Boží děti připodobněné k "Nádobám"

Jak čteme v 2 Timoteovi 2:20-21: "Ve velké domácnosti nejsou jen zlaté a stříbrné nádoby, nýbrž i dřevěné a hliněné, jedny pro cenné věci, druhé na odpadky. Kdo se od těch falešných nauk očistí, bude nástrojem vznešeným, posvěceným, užitečným pro hospodáře, připraveným ke každému dobrému dílu," účelem nádoby je obsahovat předměty. Bůh přirovnává své děti k "nádobám", protože je může naplnit svou láskou, milostí a svým slovem, které je pravda, stejně jako svou mocí a autoritou. Proto si musíme uvědomit, že v závislosti na druhu nádoby, ve kterou se připravujeme, se můžeme těšit ze všech dobrých darů a požehnání, která pro nás Bůh přichystal.

Jakou nádobou je potom jedinec, který smí obsahovat všechna požehnání, která Bůh přichystal? Jde o nádobu, kterou Bůh považuje za vzácnou, vznešenou a překrásnou.

Za prvé, "vzácná" nádoba je ta, která zcela naplňuje povinnost, kterou jí uložil Bůh. Do této kategorie spadá Jan Křtitel, který připravil cestu pro našeho Pána Ježíše, a Mojžíš, který vyvedl Izraelity z Egypta.

Dále, "vznešená" nádoba je ta, která má takové vlastnosti jako čestnost, pravdomluvnost, odhodlanost a věrnost, které jsou u běžných lidí vzácné. Do této kategorie patří Josef a Daniel, jež oba dva zastávali postavení srovnatelné s ministerským předsedou mocné země a kteří velmi oslavovali Boha.

A konečně, "překrásná" nádoba je před Bohem ta, která má dobré srdce a která se nikdy nepře ani nehašteří, ale v pravdě přijímá a snáší všechny věci. Do této kategorie patří Ester, která zachránila své krajany a Abraham, který byl nazýván Božím "přítelem".

"Nádobou krásnější než drahokam" je jedinec, který má vlastnosti, jež Bůh považuje za vzácné, vznešené a překrásné. Drahokam skrytý mezi štěrkem je okamžitě nápadný. Podobně jsou nesporně nápadní všichni Boží lidé krásnější než drahokam.

Většina drahokamů je nákladná pro svou velikost, ale jejich třpyt a rozmanité, avšak osobité barvy, přitahují lidi vyhledávající krásu. Nicméně, ne všechny třpytivé kameny jsou považovány za drahokamy. Opravdové drahokamy musejí mít rovněž odstín a lesk stejně jako fyzikální pevnost. "Fyzikální pevnost" se zde vztahuje na schopnost materiálu odolat žáru, nekontaminovat se kontaktem s jinými látkami a udržet si svůj tvar. Dalším důležitým faktorem je malý výskyt.

Pokud by existovala nádoba velkolepého jasu, fyzikální

pevnosti a omezeného výskytu, jak vzácná, vznešená a překrásná by tato nádoba byla? Bůh chce, aby se jeho děti staly nádobami krásnějšími než drahokam a chce, aby žily požehnané životy. Když Bůh takovéto nádoby objeví, vlije do nich v hojnosti znamení své lásky a zalíbení.

Jak se v Božích očích můžeme stát nádobou krásnější než drahokam?

Za prvé, musíte dosáhnout posvěcení svého srdce Božím slovem, které je pravdou samotnou.

Aby se mohla nádoba používat ke svému původnímu účelu, musí být především čistá. Ani drahá, zlatá nádoba se nemůže používat, pokud je špinavá a poznamenaná zápachem. Pouze, když tuto drahou, zlatou nádobu očistíme ve vodě, může se použít ke svému účelu.

Stejné pravidlo se vztahuje na Boží děti. Co se týče Božích dětí, Bůh jim přichystal hojné požehnání a rozmanité dary, požehnání bohatstvím a zdravím a podobně. Abychom tato požehnání a dary obdrželi, musíme nejprve připravit sami sebe jako čisté nádoby.

V Jeremjášovi 17:9 najdeme: "Nejúskočnější ze všeho je srdce a nevyléčitelné. Kdopak je zná?" V Matoušovi 15:18-19 Ježíš rovněž říká: "Však to, co z úst vychází, jde ze srdce, a to člověka znesvěcuje. Neboť ze srdce vycházejí špatné myšlenky, vraždy, cizoložství, smilství, loupeže, křivá svědectví, urážky." Proto se můžeme stát čistými nádobami až potom, co očistíme svá srdce. Jakmile budeme čistou nádobou, nikdo z nás už nebude mít "špatné myšlenky", pronášet zlá slova nebo uskutečňovat zlé skutky.

Očištění našeho srdce je možné pouze duchovní vodou, Božím slovem. Proto jsme v Efezským 5:26 nabádáni k tomu, abychom se posvěcovali a očistili křtem vody a slovem," a v Židům 10:22 každého z nás Bůh povzbuzuje k tomu, abychom "přistupovali před Boha s opravdovým srdcem a v plné jistotě víry, se srdcem očištěným od zlého svědomí a s tělem obmytým čistou vodou."

Jak nás tedy duchovní voda – Boží slovo – očišťuje? Musíme zachovávat různá nařízení nacházející se v šedesáti šesti knihách Bible, která slouží k tomu, abychom "očistili" svá srdce. Zachovávání takových nařízení jako "Nedělejte" a "Opusťte" nás nakonec dovede k tomu, že se zbavíme všeho, co je hříšné a špatné.

Chování těch, kteří očistili své srdce pomocí Božího slova, se rovněž změní a bude vyzařovat Kristovo světlo. Zachovávání Božího slova se však nedá dosáhnout pouze vlastními silami a silou vůle; musí nás vést a pomáhat nám Duch svatý.

Když slyšíme a chápeme Slovo, otevřeme své srdce a přijmeme Ježíše Krista jako svého Spasitele, Bůh nám dává jako dar Ducha svatého. Duch svatý přebývá v lidech, kteří přijmou Ježíše jako svého Spasitele a pomáhá jim slyšet a chápat slovo pravdy. Písmo nám praví: "Co se narodilo z těla, je tělo, co se narodilo z Ducha, je duch" (Jan 3:6). Boží děti, které obdrží jako dar Ducha svatého, se mohou díky moci Ducha svatého zbavovat hříchu a špatnosti každý den a stát se tak duchovními lidmi.

Cítíte úzkost a obavy a říkáte si: 'Jak mohu dodržet všechna ta nařízení?'

1 Janův 5:2-3 nám připomíná: "Podle toho poznáváme, že milujeme Boží děti, když milujeme Boha a jeho přikázání zachováváme. V tom je totiž láska k Bohu, že zachováváme jeho přikázání; a jeho přikázání nejsou těžká." Milujete-li

Boha z hloubi svého srdce, zachovávání jeho nařízení nemůže být obtížné.

Když se rodičům narodí děti, rodiče pečují o všechny potřeby svého dítěte včetně krmení, oblékání, koupání a podobně. Na jednu stranu, pokud se rodiče nestarají o své vlastní dítě, může se jim to zdát obtížné. Na druhou stranu, jestliže se rodiče starají o své vlastní dítě, nikdy se jim to nebude zdát obtížné. Třebaže se dítě uprostřed noci probudí a pláče, rodiče to neobtěžuje; jednoduše své dítě velmi milují. Udělat něco pro toho, koho milujeme, je zdrojem veliké radosti a štěstí; není to obtížné ani nás to nerozčiluje. Ze stejného důvodu, věříme-li opravdově, že Bůh je Otcem našeho ducha a ve své nezměrné lásce k nám dal svého jediného Syna, aby byl za nás ukřižován na kříži, jak bychom ho mohli nemilovat? Navíc, milujeme-li Boha, žít podle jeho Slova by nemělo být namáhavé. Namísto toho bude namáhavé a bolestné, když nežijeme podle Božího slova ani se neřídíme jeho vůlí.

Dokud mě moje starší sestra nezavedla do modlitebny jedné Boží církve, trpěl jsem po dobu sedmi let rozmanitými nevyléčitelnými chorobami. Ve chvíli, kdy jsem poklekl v modlitebně, jsem obdržel oheň Ducha svatého. Byl jsem okamžitě uzdraven ze všech svých nemocí a setkal jsem se s živým Bohem. To se stalo 17. dubna 1974. Od té doby jsem naplněn vděčností za Boží milost začal navštěvovat všemožné druhy bohoslužeb. V listopadu téhož roku jsem navštívil své první probuzenecké setkání, na kterém jsem se začal učit Božímu slovu, základu života v Kristu:

> 'Ach, to je to, co se Bohu líbí!'
> 'Musím opustit všechny své hříchy.'
> 'To se stane, když budu věřit!'
> 'Musím skoncovat s kouřením a pitím.'
> 'Mám se ustavičně modlit.'
> 'Dávat desátky je povinné
> a já nepředstoupím před Boha s prázdnýma rukama.'

Celý dlouhý týden jsem ve svém srdci přijímal slovo s postojem "Amen!".

Po tomto probuzeneckém setkání jsem skoncoval s kouřením a pitím a začal jsem dávat desátky a další finanční prostředky na znamení díků. Rovněž jsem se začal za svítání

Autor Dr. Jaerock Lee

modlit a postupně jsem se stal mužem modlitby. Udělal jsem přesně to, čemu jsem se naučil a začal jsem také číst Bibli.

Byl jsem Boží mocí okamžitě uzdraven ze všech svých nemocí a postižení, z nichž se žádná věc nedala vyléčit žádnými světskými prostředky. Proto jsem mohl cele věřit každému verši a kapitole v Bibli. Protože jsem v té době byl začátečník ve víře, existovaly části Písma, kterým se nedalo snadno porozumět. Avšak nařízení, která jsem dokázal pochopit, jsem začal neprodleně zachovávat. Například, když mi Bible říkala, abych nelhal, popořádku jsem si řekl: "Lhaní je hřích! Bible mi říká, že nesmím lhát, tak nebudu lhát." Také jsem se modlil: "Bože, prosím, pomoz mi opustit bezděčné lhaní!" Nebylo to tak, že bych klamal lidi svým špatným srdcem, přesto jsem se však vytrvale modlil, abych mohl přestat i s bezděčným lhaním.

Mnoho lidí lže a většina z nich si neuvědomuje, že lže. Když zavolá někdo, s kým si zrovna nechcete povídat po telefonu, nepožádáte někdy nenuceně své děti, spolupracovníky nebo přátele: "Řekni mu, že tu nejsem, jo"? Mnoho lidí lže, protože jsou "ohleduplní" k druhým.

Takoví lidé lžou, když se jich například na návštěvě někdo zeptá, jestli by si rádi dali něco k pití nebo k jídlu. I když tito hosté nic nejedli nebo mají žízeň, protože nechtějí svého hostitele "obtěžovat", řeknou mu: "Ne, děkuji. Jedl jsem (nebo pil jsem), než jsem sem přišel." Nicméně když jsem se dozvěděl, že lhaní i s dobrými úmysly je pořád lhaní, ustavičně jsem se modlil, abych lhaní zanechal, a nakonec jsem dokázal opustit i bezděčné lži.

Kromě toho jsem si vytvořil seznam všeho špatného a hříšného, co jsem chtěl opustit a modlil jsem se za to. Až potom, co jsem se přesvědčil, že jsem určitě jednu po druhé opustil každou špatnost a hříšný zvyk nebo skutek, vyškrtl jsem červenou propiskou tuto položku ze seznamu. Pokud se vyskytlo něco špatného a hříšného, čeho jsem nedokázal zanechat ani po odhodlané modlitbě, začal jsem se bez prodlení postit. Jestliže jsem to nedokázal ani po třídenním půstu, prodloužil jsem půst na pět dní. Když došlo k tomu, že jsem stejný hřích zopakoval, potom jsem se pustil do sedmidenního půstu. Zřídka jsem se však musel postit týden; po třech dnech půstu jsem se dokázal zbavit většiny svých hříchů a špatností. Do té míry, do jaké jsem se zbavil špatnosti skrze opakování tohoto procesu, jsem se stával čistější nádobou.

Tři roky potom, co jsem se setkal s Pánem, jsem odhodil všechno, co nebylo v souladu s Božím slovem, a mohl jsem být v Božích očích považován za čistou nádobu. Navíc, jak jsem svědomitě a horlivě dodržoval nařízení včetně těch typu "Dělat" a "Dodržovat", dokázal jsem v krátkém čase žít podle Božího slova. Když jsem se proměnil v čistou nádobu, Bůh mi hojně požehnal. Má rodina obdržela požehnání v oblasti zdraví. Mohl jsem okamžitě splatit všechny dluhy. Získal jsem požehnání v oblasti fyzické i duchovní. To proto, že Bible nás ujišťuje následovně: "Moji milí, jestliže nás srdce neobviňuje, máme svobodný přístup k Bohu; oč bychom ho žádali, dostáváme od něho, protože zachováváme jeho přikázání a činíme, co se mu líbí" (1 Janův 3:21-22).

Za druhé, abyste se stali nádobou krásnější než drahokam, musíte být "tříbeni ohněm" a vyzařovat duchovní světlo.

Drahé kameny na prstenech a náhrdelnících nebyly

vždycky krásně průzračné. Nicméně, brusiči drahokamů je vybrousili a ony začaly vydávat oslnivé světlo a získaly krásný tvar.

Zrovna jako tito zruční brusiči řežou, leští a tříbí ohněm tyto drahé kameny a proměňují je v drahokamy úžasných tvarů s vysokým leskem, Bůh tříbí své děti. Bůh je netříbí kvůli jejich hříchům, ale aby jim skrze toto tříbení mohl požehnat ve fyzické i duchovní oblasti. V očích jeho dětí, které nezhřešily ani se nedopustily něčeho špatného, se může zdát, že musí překonávat bolest a utrpení ve zkouškách. Je to proces, jehož prostřednictvím Bůh tříbí a kázní své děti, aby mohly vyzařovat ještě krásnější barvu a větší lesk. 1 Petrův 2:19 nám připomíná: "V tom je totiž milost, když někdo pro svědomí odpovědné Bohu snáší bolest a trpí nevinně." Rovněž čteme, že "aby se pravost vaší víry, mnohem drahocennější než pomíjející zlato, jež přece též bývá zkoušeno ohněm, prokázala k vaší chvále, slávě a cti v den, kdy se zjeví Ježíš Kristus" (1 Petrův 1:7).

Třebaže Boží děti již odhodily veškerou špatnost a staly se posvěcenými nádobami, v době, kterou si sám volí, Bůh dopouští, aby došlo k jejich tříbení a zkoušení, aby z toho vyšly jako nádoby krásnější než drahokam. Jak nám říká druhá polovina verše z 1. listu Janova 1:5: "Bůh je světlo a není v něm nejmenší tmy," protože Bůh sám je světlo plné slávy bez vady či kazu, vede své děti na stejnou úroveň světla.

Proto, když s dobrotou a láskou překonáte jakékoliv zkoušky, které na vás Bůh dopustí, stanete se ještě třpytivější a krásnější nádobou. Úroveň duchovní autority a moci se liší v závislosti na záři duchovního světla. Navíc, když z vás vyzařuje duchovní světlo, nemá nepřítel ďábel a satan kde zaujmout místo.

V Markovi 9 se nachází scéna, ve které Ježíš vyhnal zlého ducha z chlapce, jehož otec ho naléhavě prosil o uzdravení svého syna. Ježíš pokáral zlého ducha. "Duchu němý a hluchý, já ti nařizuji, vyjdi z něho a nikdy už do něho nevcházej!" (v. 25). Zlý duch opustil chlapce, který se poté uzdravil. Tuto scénu předchází epizoda, ve které otec přivedl svého syna k Ježíšovým učedníkům, kteří nedokázali zlého ducha z chlapce vyhnat. To proto, že úroveň duchovního světla učedníků a úroveň duchovního světla Ježíše se lišily.

Co tedy musíme udělat, abychom vstoupili na Ježíšovu

úroveň duchovního světla? V každé zkoušce můžeme zvítězit, pokud neochvějně věříme v Boha, překonáváme zlo dobrem a milujeme své nepřátele. V důsledku toho, jakmile Bůh považuje vaši dobrotu, lásku a spravedlnost za opravdové, zrovna jako tomu bylo u Ježíše, můžete vyhánět zlé duchy a uzdravovat jakékoliv nemoci a postižení.

Požehnání pro nádoby krásnější než drahokam

Jak jsem léta kráčel cestou víry, také jsem snášel bezpočet zkoušek. Například, co se týče obvinění jednoho televizního programu před několika lety, vytrpěl jsem zkoušku, která byla tak bolestná a trýznivá jako samotná smrt. Důsledkem bylo, že mě zradili lidé, kteří skrze mne obdrželi milost a mnoho dalších, které jsem dlouho považoval za blízké jako by byli má vlastní rodina.

Pro lidi ze světa jsem se stal předmětem nedorozumění a terčem obvinění, zatímco mnoho členů církve Manmin trpělo a bylo nespravedlivě pronásledováno. Přesto členové církve Manmin i já jsme tuto zkoušku překonali s dobrotou a jak jsme všechno předložili Bohu, naléhavě jsme Boha lásky a milosrdenství prosili za to, aby dotyčným lidem odpustil.

Navíc, necítil jsem nenávist ani jsem neopustil ty, kteří odešli a způsobili naší církvi těžkosti. Vprostřed této mučivé zkoušky jsem věrně věřil, že mě Bůh Otec miluje. Takto jsem dokázal s dobrotou a láskou čelit i těm, kteří se dopustili špatných věcí. Jako obdrží student uznání za svou tvrdou práci a ohodnocení při zkoušce, tak jakmile má víra, dobrota, láska a spravedlnost získaly uznání u Boha, on sám mi požehnal k tomu, abych ještě ve větším měřítku předváděl a projevoval jeho moc.

Po této zkoušce otevřel dveře, skrze které jsem měl uskutečňovat světovou misii. Bůh způsobil, že se desítky tisíc, stovky tisíc, ba dokonce milióny lidí shromažďovaly na zahraničních kampaních, které jsem vedl a Bůh byl se mnou svou mocí, která přesahuje prostor a čas.

Duchovní světlo, kterým nás Bůh obklopuje, je zářivější a krásnější než světlo, které vydává jakýkoliv drahokam na tomto světě. Bůh považuje ty ze svých dětí, které tímto duchovním světlem obklopuje, za nádoby krásnější než drahokam.

Proto, ať každý z vás rychle dosáhne posvěcení a stane se nádobou, která vyzařuje zkouškou osvědčené duchovní světlo a je krásnější než drahokam, abyste mohli vést požehnaný život a obdržet od Boha cokoliv, oč požádáte.

Takto se modlím ve jménu našeho Pána Ježíše Krista!

Čtvrté poselství
Světlo

1 Janův 1:5

A toto je zvěst,
kterou jsme od něho slyšeli
a vám ji oznamujeme:
že Bůh je světlo
a není v něm nejmenší tmy

Existuje mnoho druhů světla a v každém z nich se skrývá jeho vlastní úžasná schopnost. Především, ozařuje tmu, poskytuje teplo a zabíjí škodlivé bakterie nebo houby. Díky světlu mohou rostliny udržovat život prostřednictvím fotosyntézy.

Nicméně, existuje fyzické světlo, které můžeme vidět pouhým okem a jsme na něj citliví a duchovní světlo, které nemůžeme vidět ani ho cítit. Zrovna jako má fyzické světlo mnoho schopností, duchovní světlo má rovněž nezměrné množství schopností. Když světlo svítí ve tmě, tma ihned zmizí.

Stejně tak, když v našem životě svítí duchovní světlo, to znamená, že chodíme v Boží lásce a milosrdenství, duchovní tma rychle zmizí. Protože je duchovní tma kořenem nemocí a problémů doma, v práci a ve vztazích, nemůžeme najít skutečnou útěchu. Když však v našich životech svítí duchovní světlo, mohou být vyřešeny problémy, které přesahují hranice lidského vědění a dovedností a můžeme dostat od Boha odpovědi na všechny naše touhy.

Duchovní světlo

Co je duchovní světlo a jak funguje? Ve druhé polovině verše z 1. Janova listu 1:5 čteme: "Bůh je světlo a není v něm nejmenší tmy," a v Janovi 1:1: "To Slovo byl Bůh." Stručně řečeno, "světlo" se nevztahuje pouze na samotného Boha, ale také na jeho slovo, které je pravda, dobrota a láska. Předtím, než stvořil všechny věci, existoval Bůh v rozlehlém vesmíru sám a nevzal na sebe žádnou podobu. Jako spojení světla a zvuku Bůh zaujímal celý vesmír. Oslnivé, vznešené a překrásné světlo obklopovalo celý vesmír a z tohoto světla vycházel nádherný, jasný a zvučný hlas.

Bůh, který existoval jako světlo a zvuk, naplánoval prozíravost tříbení lidstva, aby sklízel skutečné děti. Potom na sebe vzal jednu podobu, rozdělil se do Trojice a podle svého vlastního obrazu stvořil lidstvo. Nicméně, Boží podstata je stále světlo a zvuk a on pořád působí pomocí tohoto světla a zvuku. Třebaže má podobu lidské bytosti, jsou v této podobě skryty světlo a zvuk jeho nesmírné moci.

Kromě Boží moci existují v tomto duchovním světle i jiné prvky pravdy včetně lásky a dobroty. Šedesát šest knih Bible je sbírkou pravd duchovního světla, které jsou vyřčeny zvukem. Jinými slovy, "světlo" odkazuje na všechna nařízení a verše v Bibli týkající se dobroty, spravedlnosti a lásky včetně "Milujte se navzájem", "Ustavičně se modlete", "Dodržujte den odpočinku", "Zachovávejte desatero přikázání" a podobně.

Abyste se setkali s Bohem, choďte ve světle

Zatímco Bůh vládne světu světla, nepřítel ďábel a satan vládne světu temnoty. Navíc, protože nepřítel ďábel a satan odporuje Bohu, nemohou se lidé žijící ve světě temnoty setkat s Bohem. Proto, abyste se setkali s Bohem, vyřešili rozmanité problémy ve svém životě a obdrželi odpovědi na své otázky, musíte rychle vyjít ze světa temnoty a vstoupit do světa světla.

V Bibli najdeme mnoho nařízení typu "Dělejte". Ta zahrnují nařízení "Milujte se navzájem", "Služte jeden druhému", "Modlete se", "Buďte vděční" a podobně. Existují rovněž nařízení typu "Dodržujte" včetně "Dodržujte den odpočinku", "Zachovávejte desatero přikázání", "Dodržujte Boží nařízení" a podobně. Potom je zde mnoho nařízení typu "Nedělejte" zahrnující "Nelžete", "Nepociťujte nenávist", "Neusilujte o svůj vlastní prospěch", "Neuctívejte modly," "Nekraďte", "Nežárlete", "Nezáviďte", "Nešiřte pomluvy" a podobně. Existují rovněž nařízení typu "Opusťte" včetně "Opusťte veškeré zlo", "Odhoďte závist a žárlivost", "Opusťte chtivost" a podobně.

Na jednu stranu, zachovávání těchto Božích nařízení znamená žít ve světle, podobat se našemu Pánu a podobat se našemu Bohu Otci. Na druhou stranu, pokud neděláte, co vám Bůh říká, abyste dělali, jestliže nedodržujete, co vám Bůh říká, abyste dodržovali, pokud děláte, co vám Bůh říká, abyste nedělali a jestliže neopouštíte, co vám Bůh říká, abyste opustili, budete nadále setrvávat v temnotě. Proto, pamatujíce na to, že neposlouchat Boží slovo znamená, že jsme ve světě temnoty ovládané nepřítelem ďáblem a satanem, musíme vždy žít podle tohoto jeho slova a chodit ve světle.

Když chodíme ve světle, máme společenství s Bohem

Jak nám říká první polovina verše z 1. Janova listu 1:7: "Jestliže však chodíme v světle, jako on je v světle, máme společenství mezi sebou," pouze, když chodíme a přebýváme ve světle, dá se říct, že máme společenství s Bohem.

Zrovna jako existuje společenství mezi otcem a jeho dětmi, musíme mít rovněž společenství s Bohem, Otcem našeho ducha. Nicméně abychom s ním vybudovali a udrželi společenství, musíme splnit jeden požadavek: odhodit hřích chozením ve světle. Proto: "Říkáme-li, že s ním máme společenství, a přitom chodíme ve tmě, lžeme a nečiníme pravdu" (1 Janův 1:6).

"Společenství" není jednostranné. Jen proto, že víte o něčí existenci, neznamená to, že s touto osobou máte společenství. Jen pokud se obě strany dostatečně sblíží, aby znaly, důvěřovaly, spoléhaly a hovořily jedna s druhou, může mezi oběma stranami existovat "společenství".

Například, většina z vás zná krále nebo prezidenta své země. Bez ohledu na to, jak dobře ho můžete znát nebo co všechno o něm můžete vědět, jestliže on nezná vás, neexistuje zde žádné společenství mezi vámi a prezidentem. Navíc, co se týče společenství, existují v něm různé hloubky. Oba z vás můžete být pouze známí; oba z vás si můžete být dostatečně blízcí na to, abyste se čas od času zeptali na to, jak se tomu druhému daří; nebo oba z vás můžete mít blízký vztah, ve kterém se sdílíte i o svých nejhlubších tajemstvích.

Se společenstvím s Bohem je to stejné. Aby byl náš vztah s ním skutečným společenstvím, Bůh nás musí znát a uznávat. Pokud máme hluboké společenství s Bohem, nebudeme nemocní ani slabí a nebude existovat nic, na co bychom od něj nedostali odpověď. Bůh chce dát svým dětem pouze to nejlepší a v Deuteronomiu 28 nám říká, že když budeme opravdově poslouchat svého Boha a bedlivě dodržovat všechna jeho nařízení, budeme požehnaní při svém vcházení a požehnaní při svém vycházení; budeme půjčovat druhým, ale sami si nebudeme muset půjčovat a Bůh nás učiní hlavou a ne chvostem.

Otcové víry, kteří měli opravdové společenství s Bohem

Jaké společenství měl s Bohem David, kterého Bůh pokládal za " muže podle svého srdce" (1 Samuelova 13:14)? David Boha vždy miloval, cítil před ním bázeň a zcela na něj spoléhal. Když utíkal před Saulem nebo šel do bitvy, stejně jako dítě, které se ptá svého rodiče hezky popořadě, co má dělat, i David se vždy tázal: "Mám jít? Kam mám jít?" a udělal, jak mu Bůh přikázal. Navíc, Bůh dával Davidovi vždy laskavé a podrobné odpovědi, a protože David udělal, co mu Bůh řekl, mohl dosahovat vítězství za vítězstvím (2 Samuelova 5:19-25).

David se mohl těšit z překrásného vztahu s Bohem, protože se svou vírou Bohu líbil. Například za rané vlády krále Saula napadli Izrael Pelištejci. Pelištejce vedl Goliáš, který se vysmíval izraelským vojákům, rouhal se Bohu a pohrdal Božím jménem. Nikdo z izraelských řad se však neodvažoval vyzvat Goliáše na souboj. V té době, třebaže byl ještě mladíčkem, se David vydal čelit Goliášovi tváří v tvář neozbrojený a pouze s pěti oblázky z potoka, protože věřil ve všemohoucího Boha Izraele a v to, že tato bitva patří Bohu (1 Samuelova 17). Bůh působil tak, že Davidův kámen udeřil Goliáše do čela. Potom, co Goliáš zemřel, se karty obrátily a Izrael dosáhl úplného vítězství.

Bůh pokládal Davida za "muže podle svého srdce" pro jeho pevnou víru a jako otec a syn mající mezi sebou důvěrný vztah proberou každou záležitost, David mohl s Bohem po svém boku dosáhnout všech věcí.

Bible nám rovněž říká, že Bůh mluvil tváří v tvář s Mojžíšem. Například, když Mojžíš statečně požádal Boha, aby ukázal svou tvář, Bůh se nemohl dočkat, aby mu dal všechno, oč požádal (Exodus 33:18). Jak mohl mít Mojžíš blízký a důvěrný vztah s Bohem?

Brzy potom, co Mojžíš vyvedl Izraelity z Egypta, se po

dobu čtyřiceti dní postil a mluvil s Bohem na vrcholu hory Sínaj. Když se Mojžíš zpozdil se svým návratem, Izraelité si vytvořili modlu, kterou by mohli uctívat. Když to Bůh uviděl, pověděl Mojžíšovi, že s Izraelity skoncuje a potom z Mojžíše udělá veliký národ (Exodus 32:10).

Na to Mojžíš prosil Boha o shovívavost: "Upusť od svého planoucího hněvu. Dej se pohnout k lítosti nad zlem, jež proti svému lidu zamýšlíš." (Exodus 32:12). Další den znovu naléhavě žádal Boha: "Ach, tento lid se dopustil velikého hříchu, udělali si zlatého boha. Můžeš jim ten hřích ještě odpustit? Ne-li, vymaž mě ze své knihy, kterou píšeš!" (Exodus 32:31-32). Jak úžasné a horlivé modlitby plné lásky!

Navíc v Numeri 12:3 najdeme: "Mojžíš však byl nejpokornější ze všech lidí, kteří byli na zemi." V Numeri 12:7 čteme: "Ne tak je tomu s mým služebníkem Mojžíšem. Má trvalé místo v celém mém domě." Se svou velikou láskou a pokorným srdcem mohl být Mojžíš věrný v celém Božím domě a těšit se z důvěrného společenství s Bohem.

Požehnání pro lidi, kteří chodí ve světle

Ježíš, který přišel na tento svět jako světlo světa, vyučoval pouze pravdu a evangelium o nebi. Lidé ve světě temnoty, kteří patřili nepříteli ďáblu, však nedokázali pochopit světlo, i když jim Ježíš vše vysvětlil. Ve své opozici lidé ve světě temnoty nedokázali přijmout světlo ani obdržet spasení, ale namísto toho šli cestou zkázy.

Lidé dobrého srdce vidí své hříchy, činí z nich pokání a získávají spasení skrze světlo pravdy. Následováním tužeb Ducha svatého dávají každý den život duchu a chodí ve světle. Nedostatek moudrosti nebo schopností na jejich straně už není problém. Vybudují si společenství s Bohem, který je světlem a obdrží hlas Ducha svatého a jeho vedení. Potom se jim bude všechno dařit a oni získají moudrost z nebe. I kdyby měli problémy zamotané jako pavučina, nic je nemůže zastrašit od řešení problémů a žádné překážky nemohou zatarasit jejich cestu, protože Duch svatý je bude osobně provázet každý krok jejich cesty.

Jak nás 1 Korintským 3:18 nabádá: "Ať nikdo sám sebe neklame. Domnívá-li se někdo z vás, že je v tomto světě moudrý, ať se stane bláznem, aby se stal opravdu moudrým," musíme si uvědomit, že moudrost světa je před Bohem bláznovstvím.

Navíc, jak nám Jakubův 3:17 říká: "Moudrost shůry je především čistá, dále mírumilovná, ohleduplná, ochotná dát se přesvědčit, plná slitování a dobrého ovoce, bez předsudků a bez přetvářky." Když dosáhneme posvěcení a vejdeme do světla, sestoupí na nás moudrost z nebe. Když chodíme ve světle, dosáhneme rovněž úrovně, na které jsme šťastní, třebaže máme nedostatek a necítíme se, jako bychom něco postrádali, i když máme opravdu nedostatek.

Apoštol Pavel ve Filipským 4:11 vyznává: "Ne že bych si naříkal na nedostatek; naučil jsem se být spokojen s tím, co mám." Ze stejného důvodu, jestliže chodíme ve světle, dosáhneme Božího pokoje, díky kterému z nás vytrysknou pokoj a radost a zaplaví nás uvnitř. Lidé, kteří s ostatními zjednávají pokoj, se nebudou se svou rodinou hádat ani se k ní nebudou chovat nepřátelsky. Namísto toho, jak se v jejich srdci rozlévá láska a milost, vyznání díků z jejich rtů neustává.

Kromě toho, když chodíme ve světle a podobáme se

Bohu natolik, nakolik jsme toho schopni, jak nám Bůh říká ve 3. listu Janově 1:2: "Modlím se za tebe, milovaný, aby se ti ve všem dobře dařilo a abys byl zdráv - tak jako se dobře daří tvé duši," s určitostí neobdržíme pouze požehnání, že se nám bude ve všem dařit, ale rovněž získáme autoritu, schopnosti a moc Boha, který je světlem.

Potom, co se Pavel setkal s Pánem a chodil ve světle, Bůh ho zmocnil k tomu, aby projevoval ohromující moc jako apoštol pohanů. I když Štěpán ani Filip nebyli proroci ani Ježíšovi učedníci, Bůh skrze ně stejně úžasně působil. Ve Skutcích 6:8 najdeme: "Štěpán byl obdařen Boží milostí a mocí a činil mezi lidem veliké divy a znamení." Ve Skutcích 8:6-7 rovněž najdeme: "Všichni lidé byli zaujati Filipovými slovy, když je slyšeli, a když viděli znamení, která činil. Neboť z mnoha posedlých vycházeli s velikým křikem nečistí duchové a mnoho ochrnutých a chromých bylo uzdraveno."

Člověk může projevovat Boží moc do té míry, do jaké se stane posvěceným tím, že chodí ve světle a podobá se Pánu. Existuje jen málo lidí, kteří projevovali Boží moc. Přesto, i mezi těmi, kdo mohli projevovat Boží moc, se míra projevované moci lišila podle toho, jak se daná osoba podobala Bohu, který je světlem.

Žiju ve světle?

Abychom obdrželi úžasné požehnání propůjčené těm, kdo chodí ve světle, každý z nás musí nejprve zkoumat sám sebe a zeptat se sám sebe: "Žiju ve světle?" Třebaže nemáte nějaký konkrétní problém či problémy, měli byste zkoumat sami sebe, abyste viděli, zda jste dosud žili "vlažný" život v Kristu, nebo zda jste neslyšeli Ducha svatého a nebyli jím vedeni. Pokud je tomu tak, musíte se probudit ze své duchovní dřímoty.

Jestliže jste odhodili nějakou míru nebo množství špatnosti, neměli byste být spokojeni; stejně jako dítě dospívá v dospělou osobu, musíte i vy dosáhnout víry otců. Měli byste mít s Bohem společenství veliké hloubky stejně jako s ním sdílet důvěrné přátelství.

Jestliže směřujete k posvěcení, musíte odhalit i ty nejnepatrnější zbytky zla a vyrvat je i s kořeny. Čím více autority máte a čím více se ujímáte vedení, musíte vždy nejprve sloužit druhým a usilovat o jejich zájmy. Když ostatní včetně těch, kteří znamenají méně než vy, poukážou na vaše chyby, musíte tomu věnovat pozornost. Namísto pocitů zlosti nebo rozpaků a odcizení od těch, kdo sejdou na scestí a dělají špatné věci, musíte být schopni je v lásce a laskavosti snášet a hluboce jimi pohnout. Nesmíte nikoho snižovat ani jím opovrhovat. Ani byste neměli ostatní znevažovat podle své vlastní spravedlnosti nebo narušovat pokoj.

Já osobně jsem prokazoval a dával více lásky jak mladším, tak chudším a slabším lidem. Podobně jako rodiče, kteří se více starají o své slabší děti a děti náchylnější k nemocem než o ty zdravé, modlil jsem se i já usilovněji za lidi v takových situacích, nikdy je jedinkrát neznevážil a snažil jsem se jim sloužit z hloubi svého srdce. Ti, kdo chodí ve světle, musí mít slitování i s těmi lidmi, kteří se dopustili velmi špatných věcí a musí být schopni jim odpustit a přikrýt jejich chyby namísto odhalení jejich viny.

Dokonce i při konání Božího díla nesmíte vystavovat na odiv nebo ukazovat své vlastní zásluhy nebo úspěchy, ale oceňovat úsilí druhých, se kterými pracujete. Když jejich úsilí oceníte a pochválíte je, měli byste se cítit šťastnější a pociťovat větší radost.

Dokážete si představit, jak moc bude Bůh milovat ty ze svých dětí, jejichž srdce se podobá srdci našeho Pána? Způsobem, jakým chodil s Henochem po 300 let, bude Bůh chodit se svými dětmi, které se mu podobají. Navíc jim požehná nejenom dobrým zdravím a tím, že se jim bude ve všech záležitostech dobře dařit, ale také jim požehná svou mocí, díky které si je použije jako vzácné nádoby.

Proto, třebaže si myslíte, že máte víru a milujete Boha, kéž přezkoumáte, kolik vaší víry a lásky Bůh skutečně bere na vědomí a chodíte ve světle, takže váš život může přetékat důkazy jeho lásky a společenství s ním. Takto se modlím ve jménu našeho Pána Ježíše Krista!

Páté poselství
Moc světla

1 Janův 1:5

A toto je zvěst,
kterou jsme od něho slyšeli
a vám ji oznamujeme:
že Bůh je světlo
a není v něm nejmenší tmy

V Bibli se vyskytuje mnoho příkladů, kdy bezpočet lidí obdrželo spasení, uzdravení a dostalo od Boha odpovědi skrze opravdové podivuhodné působení Boží moci projevené Božím Synem Ježíšem. Když Ježíš přikázal, došlo ihned k uzdravení všech druhů nemocí a ke zlepšení různých postižení či k jejich regeneraci.

Slepí prohlédli, němí začali mluvit a hluší začali slyšet. Člověk se zkroucenou rukou byl uzdraven, chromý začal znovu chodit a ochrnutí byli uzdraveni. Kromě toho Ježíš vyháněl zlé duchy a oživil mrtvého.

Tyto podivuhodné skutky Boží moci se neprojevovaly pouze skrze Ježíše, ale rovněž skrze proroky z doby Starého zákona a apoštoly z doby Nového zákona. Samozřejmě, že projevy Boží moci proroků a apoštolů se nemohly rovnat Ježíšovým projevům moci. Přesto lidem, kteří se podobali Ježíšovi a Bohu samotnému, dal Bůh moc a používal si je jako své nádoby. Bůh, který je světlo, projevoval svou moc skrze diákony, jako byli Štěpán a Filip, protože dosáhli posvěcení tím, že chodili ve světle a podobali se Pánu.

Apoštol Pavel projevoval tak velikou moc, že byl dokonce pokládán za "Boha"

Mezi všemi postavami z Nového zákona se projevy Boží moci apoštola Pavla řadí na druhé místo za projevy Boží moci Pána Ježíše. Pohanům, kteří Boha neznali, kázal evangelium mocnými slovy, která byla doprovázená znameními a zázraky. S touto mocí mohl Pavel svědčit o Ježíši Kristu a skutečném božství Boha.

Podle skutečnosti, že uctívání model a zaklínání byly v té době přebujelé, museli být mezi pohany lidé, kteří klamali druhé. Šíření evangelia takovýmto lidem vyžadovalo zvláštní projevy působení Boží moci, které daleko předčily moc falešného zaklínání a působení zlých duchů (Římanům 15:18-19).

Ve Skutcích od verše 14:8 dále je vylíčena scéna, ve které apoštol Pavel káže evangelium v oblasti zvané Lystra. Když Pavel nařídil muži, který byl celý svůj život chromý: "Postav se zpříma na nohy!" muž vyskočil a začal chodit (Skutky 14:10). Když to lidé viděli, vyznali: "To k nám sestoupili bohové v lidské podobě!" (Skutky 14:11). Ve Skutcích 28 se nachází scéna, kdy se apoštol Pavel dostal po ztroskotání lodi na ostrov Malta. Když nasbíral náruč chrastí a přiložil na oheň, zakousla se mu do ruky zmije, která prchala před žárem. Jakmile to domorodci uviděli, čekali, že oteče nebo že najednou padne mrtev, ale když se Pavlovi nic nestalo, začali naopak říkat, že je to nějaký bůh (v. 6).

Neboť měl apoštol Pavel srdce, které bylo v Božích očích správné, mohl projevovat skutky Boží moci, třebaže byl lidmi pokládán za "boha".

Moc Boha, který je světlem

Moc se nedává proto, že po ní někdo touží; dává se pouze těm, kteří se podobají Bohu a dosáhli posvěcení. I dnes Bůh vyhledává lidi, kterým může dát svou moc k tomu, aby ji používali jako nádoby slávy. Proto nám Marek 16:20 připomíná: "Oni pak vyšli, všude kázali; a Pán s nimi působil a jejich slovo potvrzoval znameními." Ježíš v Janovi

4:48 také řekl: "Neuvidíte-li zázraky a znamení, neuvěříte." Zavést bezpočet lidí ke spasení si žádá moc z nebe, která dokáže projevovat znamení a zázraky, které na oplátku svědčí o živém Bohu. V době, kdy hřích a zlo obzvláště vzkvétají, jsou zázraky a znamení o to víc žádané.

Když chodíme ve světle a stáváme se s naším Otcem Bohem v duchu jedno, můžeme projevovat takovou míru moci, kterou projevoval Ježíš. To proto, že náš Pán zaslíbil: "Amen, amen, pravím vám: Kdo věří ve mne, i on bude činit skutky, které já činím, a ještě větší, neboť já jdu k Otci" (Jan 14:12).

Jestliže někdo projevuje moc duchovního světa, která je možná pouze u Boha, potom je považován za toho, kdo patří Bohu. Jak nám připomíná Žalm 62:12: "Bůh promluvil jednou, dvojí věc jsem slyšel: Bohu patří moc," nepřítel ďábel a satan nedokáže projevit takový druh moci, která patří Bohu. Samozřejmě, protože je duchovní bytost, má vyšší moc, aby oklamal lidi a přesvědčil je, aby odporovali Bohu. Jedna věc však zůstává jistá: žádná jiná bytost nedokáže napodobit Boží moc, kterou Bůh vládne nad životem, smrtí, požehnáním, prokletím a dějinami lidstva a díky které dokáže stvořit něco z ničeho. Moc patří světu Boha, který je světlem a mohou ji projevovat pouze ti, kdo dosáhli posvěcení a míry víry Ježíše Krista.

Rozdíly mezi Boží autoritou, způsobilostí a mocí

Při označování nebo zmiňování Boží způsobilosti staví mnoho lidí na roveň autoritu a způsobilost nebo způsobilost a moc; mezi těmito třemi věcmi však existuje jasný rozdíl.

"Způsobilost" je moc víry, díky které je něco nemožného pro člověka možné pro Boha. "Autorita" je posvátná, důstojná a majestátní moc, kterou ustavil Bůh a v duchovním světě je moc stav bezhříšnosti. Jinými slovy, autorita je samotné posvěcení a ty posvěcené Boží děti, které zcela odhodily zlo a nepravdu ze svého srdce, mohou tuto duchovní autoritu obdržet.

Co je tedy potom "moc"? Vztahuje se na Boží způsobilost a autoritu, které Bůh uděluje těm, kteří se vyhýbají každé špatnosti a stali se posvěcenými.

Uveďme si příklad. Jestliže má řidič "způsobilost" řídit vozidlo, potom má dopravní policista, který řídí dopravu, "autoritu" zastavit jakékoliv vozidlo. Tato autorita – zastavit jakékoliv vozidlo a poslat ho zpět na silnici – byla policistovi dána vládou. Proto, třebaže má řidič "způsobilost" řídit vozidlo, protože nemá "autoritu" dopravního policisty, tak když policista řekne řidiči, aby zastavil nebo jel, řidič musí dbát na jeho příkaz.

Takto se autorita a způsobilost liší jedna od druhé, a když se autorita a způsobilost spojí dohromady, říkáme tomu moc. V Matoušovi 10:1 najdeme toto: "Zavolal svých dvanáct učedníků a dal jim moc nad nečistými duchy, aby je vymítali a uzdravovali každou nemoc a každou chorobu." Moc si s sebou nese jak "autoritu" vyhánět zlé duchy, tak "způsobilost" uzdravovat všechny nemoci a postižení.

Rozdíl mezi mocí a darem uzdravování

Ti, kdo nejsou obeznámeni s mocí Boha, který je světlem, často staví moc na roveň daru uzdravování. Dar uzdravování v 1 Korintským 12:9 se vztahuje na působení spalující nemoci infikované virem. Nedokáže uzdravovat hluchotu a němotu pocházející z degenerace částí těla nebo smrti nervových buněk. Takové případy nemocí a postižení mohou být uzdraveny pouze Boží mocí a modlitbou víry, která se Bohu zalíbí. Navíc, zatímco moc Boha, který je světlem, se projevuje vždy, dar uzdravování vždy nepůsobí.

Na jednu stranu, bez ohledu na rozsah posvěcení srdcí lidí dává Bůh dar uzdravování těm, kteří milují druhé a velkým dílem se za druhé a za jejich ducha modlí, a těm, které Bůh pokládá za odvážné a užitečné nádoby. Nicméně pokud se dar uzdravování nepoužívá pro Boží slávu, ale nesprávným způsobem a pro něčí vlastní prospěch, Bůh si ho jistě vezme zpátky.

Na druhou stranu, Boží moc je dána pouze těm, kdo dosáhli posvěcení srdce; jakmile je dána, neoslabí se ani nepohasne, protože příjemce ji nikdy nepoužije pro svůj vlastní prospěch. Namísto toho, čím více se někdo podobá srdci Pána, tím větší úrovně Boží moci jsou mu uděleny. Jestliže se srdce a jednání jedince stane s Pánem jedno, člověk může projevovat i takové skutky Boží moci, které projevoval samotný Ježíš.

Ve způsobech, kterými se projevuje Boží moc, existují rozdíly. Dar uzdravování nemůže uzdravit vážné nebo vzácné nemoci a pro ty, kteří mají malou víru, je obtížnější dojít uzdravení díky daru uzdravování. Nicméně, s mocí Boha, který je světlem, není nic nemožné. Když pacient projeví třeba jen malý důkaz své víry, ihned dojde díky Boží moci k uzdravení. "Víra" se zde vztahuje na duchovní víru, kterou někdo věří z hloubi svého srdce.

Čtyři úrovně moci Boha, který je světlo

Skrze Ježíše Krista, který je stejný včera i dnes, bude projevovat Boží moc každý, kdo je v Božích očích pokládán za vhodnou nádobu.

Existuje mnoho různých úrovní projevu Boží moci. Čím více dosahujete neporušeného ducha, na tím větší úroveň moci vstoupíte a větší moc obdržíte. Lidé, jejichž duchovní zrak je otevřený, mohou podle úrovně Boží moci vidět

"Dnem a nocí jsem prolévala slzy.
Ještě bolestnější bylo,
když se na mě lidé dívali
jako 'na dítě s AIDS'."

Pán mne svou mocí
uzdravil
a vrátil mé rodině smích.
Jsem teď tak šťastná!

Esteban Juninka z Hondurasu, uzdravená z AIDS

různé úrovně vyzařování světla. Lidské bytosti jako stvoření mohou projevovat až čtyři úrovně Boží moci.

První úroveň Boží moci se projevuje červeným světlem, které ničí pomocí ohně Ducha svatého.

Oheň Ducha svatého chrlený první úrovní moci, která se projevuje červeným světlem, spaluje a uzdravuje nemoci včetně nemocí způsobených bakteriemi a viry. Může dojít k uzdravení nemocí včetně rakoviny, onemocnění plic, cukrovky, leukémie, nemoci ledvin, artritidy, potíží srdce a AIDS. To však neznamená, že všechny nemoci uvedené výše mohou být uzdraveny první úrovní moci. Těm, kdo již překročili hranici života, kterou Bůh stanovil, jako v případě posledního stádia rakoviny nebo onemocnění plic, nebude první úroveň moci stačit.

Znovuobnovení částí těla, které byly poškozeny nebo nejsou schopny řádně fungovat, vyžaduje větší moc, která nejen uzdraví, ale rovněž vytvoří nové části těla. V takovém případě určí úroveň, na které Bůh projeví svou moc, stupeň projevu pacientovy víry stejně jako stupeň projevu víry jeho

"Viděl jsem světlo...
Konečně jsem se dostal ven
ze čtrnáct let dlouhého tunelu...
Sám jsem to už dávno vzdal,
ale z moci Pána
jsem se znovu narodil!"

Shama Masaz z Pákistánu,
osvobozen ze 14 let trvající posedlosti démonem

rodiny, která ho miluje.

Od založení církve Manmin Central Church v ní nastal bezpočet projevů moci první úrovně. Když lidé poslouchali Boží slovo a přijímali modlitbu, docházelo k vymýcení nemocí všech forem a různé vážnosti. Když mi lidé potřásli rukou nebo se dotkli lemu mého oblečení, přijali modlitbu prostřednictvím šátku, na kterém jsem se modlil a modlitbu zaznamenané systémem automatické telefonní odpovědi nebo když jsem se modlil nad fotografiemi pacientů, stávali jsme se znovu a znovu svědky Božího uzdravování.

Působení moci první úrovně není omezeno na ničení ohněm Ducha svatého. Třeba jen na chvíli může každý jedinec, když se modlí ve víře a je inspirován, zasažen a naplněn Duchem svatým, projevit ještě větší skutek Boží moci. Toto je však přechodná událost a ne důkaz trvalého zakotvení Boží moci, vyskytuje se to pouze tehdy, když je to v souladu s Boží vůlí.

Druhá úroveň Boží moci se projevuje modrým světlem.

Malachiáš 4:2 nám říká: "Ale vám, kdo se bojíte mého

jména, vzejde slunce spravedlnosti se zdravím na paprscích. Rozběhnete se a budete poskakovat jako vykrmení býčci." Lidé, kteří mají otevřený duchovní zrak, mohou vidět paprsky podobné laserovým světlům vyzařující paprsky uzdravení.

Druhá úroveň moci vyhání tmu a osvobozuje lidi, kteří jsou posedlí démonem, řízeni satanem a ovládáni různými druhy zlých duchů. Moc druhé úrovně uzdravuje řadu mentálních nemocí způsobených silami temnoty včetně autismu, nervového zhroucení a jiných nemocí.

Těmto nemocem můžeme předejít, když se "stále radujeme" a "za všechno děkujeme". Když místo toho, abyste se za všech okolností stále radovali a za všechno děkovali, začnete cítit k druhým nenávist, chovat nepříjemné pocity, negativně přemýšlet a snadno se nahněváte, potom budete k takovým nemocem náchylnější. Když dojde k vyhnání sil satana, které ženou člověka k tomu, že v něm zakotví zlé myšlenky a získá zlé srdce, všechny tyto duševní nemoci budou uzdraveny přirozenou cestou.

Čas od času dojde mocí druhé úrovně k uzdravení

fyzických nemocí a postižení. Takové nemoci a postižení zapříčiněné působením démonů a ďábla jsou uzdraveny světlem druhé úrovně Boží moci. "Postižení" se zde vztahuje na degeneraci a ochrnutí částí těla jako v případě těch, kteří jsou němí, hluší, invalidní, slepí, ochrnutí od narození a podobně.

V Markovi se od verše 9:14 dále odehrává scéna, ve které Ježíš vyhnal z chlapce "ducha němého a hluchého" (v. 25). Tento chlapec ohluchnul a oněměl kvůli zlému duchovi, který v něm přebýval. Když Ježíš ducha vyhnal, byl chlapec ihned uzdraven.

Ze stejného důvodu, když je příčinou nemoci síla temnoty včetně démonů, musí být z pacienta vyhnáni zlí duchové, aby byl uzdraven. Jestliže někdo trpí problémy zažívacího ústrojí, které jsou způsobeny nervovým zhroucením, musí být příčina vykořeněna tak, že se vyženou síly satana. U takových nemocí jako ochrnutí a artritida může být rovněž nalezeno působení sil temnoty či jejich pozůstatky. Občas, ačkoliv lékařská diagnóza nedokáže zjistit nic, co by bylo fyzicky špatně, trpí lidé na tom či onom místě svého těla bolestí. Když se modlím za

kohokoliv, kdo trpí tímto způsobem, často vidí ti, jejichž duchovní zrak je otevřený, síly temnoty v podobě odporných zvířat, jak opouštějí pacientovo tělo.

Kromě těchto sil temnoty vyskytujících se v nemocech a postiženích, dokáže druhá úroveň moci našeho Boha, který je světlem, rovněž vyhnat síly temnoty nacházející se doma, v našem podnikání a v práci. Když jedinec, který projevuje Boží moc druhé úrovně, navštíví ty, kteří trpí pronásledováním doma a potížemi v práci a podnikání, tak se v okamžiku, kdy dojde k vyhnání temnoty, snese na lidi světlo a sestoupí na ně požehnání podle jejich skutků.

Vzkříšení z mrtvých nebo ukončení něčího života podle Boží vůle, je rovněž působení Boží moci druhé úrovně. Do této kategorie spadají následující příklady: apoštol Pavel oživující Eutycha (Skutky 20:9-12); oklamání apoštola Petra Ananiášem a Safirou a z toho vyplývající apoštolova kletba končící jejich smrtí (Skutky 5:1-11); a Elíšovo prokletí chlapců, které rovněž vedlo v jejich smrt (2 Královská 2:23-24).

Existují však základní rozdíly ve skutcích, které prováděl Ježíš a v těch, které prováděli apoštolové Petr a Pavel a

"I když jsem se nechtěla podívat na své tělo,
které bylo celé uvařené...

Když jsem byla sama,
přišel ke mně,
natáhl svou ruku
a postavil mne po svém boku.

Díky jeho lásce a péči
jsem obdržel nový život...
Existuje něco,
co bych pro Pána nemohl udělat?"

Senior diákon Eundeuk Kim,
uzdravený z popálenin třetího stupně,
které utrpěl od hlavy až k patě

prorok Elíša. Nakonec, Bůh jako Pán nad všemi duchy musí svolit k tomu, zda někdo bude žít nebo zemře. Ale protože Ježíš a Bůh jsou jedno a totéž, co Ježíš chtěl, bylo to, co chtěl Bůh. Proto Ježíš mohl přivádět mrtvé zpět k životu pouze tím, že jim to přikázal svým slovem (Jan 11:43-44), zatímco ostatní proroci a apoštolové se museli doptávat na Boží vůli a jeho svolení někoho oživit.

Třetí úroveň Boží moci se projevuje bílým nebo bezbarvým světlem a je doprovázena všemožnými znameními a dílem stvoření.

Na třetí úrovni moci Boha, který je světlem, se projevují všemožná znamení stejně jako dílo stvoření. "Znamení" se vztahují na uzdravování, skrze které začnou slepí vidět, němí mluvit a hluší slyšet. Invalidé vstanou a začnou chodit, dojde k natažení zkrácené nohy a celkovému uzdravení dětské obrny i mozkové obrny. Nastane obnovení deformovaných nebo zcela zdegenerovaných částí těla. Roztříštěné kosti se dají zpět dohromady, vytvoří se chybějící kosti, krátký jazyk vyroste a šlachy se znovu spojí. Navíc, protože se světlo první, druhé a třetí úrovně Boží moci projevují na třetí úrovni zároveň, pokud je to nezbytné, žádná nemoc a postižení nepředstavují problém. Třebaže má někdo popáleniny od hlavy až k patě a jeho buňky a svaly jsou spálené nebo jestliže se živé maso uvaří ve vařící vodě, Bůh může všechno stvořit nové. Protože Bůh dokáže stvořit něco z ničeho, dokáže spravit nejenom neživé předměty jako stroje, ale rovněž části lidského těla, které na tom nejsou dobře.

V církvi Manmin Central Church dochází skrze modlitby pomocí šátku nebo modlitby zaznamenané systémem automatické telefonní odpovědi k obnovování vnitřních orgánů, které dobře nefungovaly nebo byly vážně poškozeny. Když dochází k uzdravení brutálně poškozených plící, zatímco se ledviny a játra, které potřebují transplantaci, dostanou do normálu, projevuje se na třetí úrovni Boží moci působení moci stvoření.

Existuje však jeden faktor, který by měl být rozlišen. Na jednu stranu, pokud dojde k obnovení funkce části těla, které bylo slabé, jedná se o působení Boží moci první úrovně. Na druhou stranu, jestliže je znovu obnovena funkce části těla, které nemělo žádnou šanci na uzdravení, nebo je tato část stvořena nově, jde o působení Boží moci třetí úrovně, moci stvoření.

Čtvrtá úroveň Boží moci se projevuje zlatým světlem a jedná se o uskutečnění moci.

Jak můžeme říci podle skutků moci, které projevoval Ježíš, moc čtvrté úrovně ovládá všechny věci, vládne nad počasím a dokonce nařizuje neživým věcem, aby poslechly. V Matoušovi 21:19, kdy Ježíš proklel fíkovník, je napsáno: "A ten fíkovník najednou uschl." Od Matouše 8:23 dále následuje scéna, ve které Ježíš pohrozil větru a moři a nastalo veliké ticho. Dokonce i příroda a takové neživé předměty jako vítr a moře poslechly, když jim to Ježíš nařídil.

Ježíš jednou řekl Petrovi, aby zajel na hlubinu a spustil sítě k lovu, a když Petr poslechl, chytil veliké množství ryb, až se mu sítě trhaly (Lukáš 5:4-6). Jindy zase řekl Ježíš Petrovi: "Jdi k moři, hoď udici; vytáhni rybu, která se první chytí, otevři jí ústa a najdeš peníz; ten vezmi a dej jim za mne i za sebe" (Matouš 17:24-27).

Protože Bůh stvořil všechny věci ve vesmíru svým

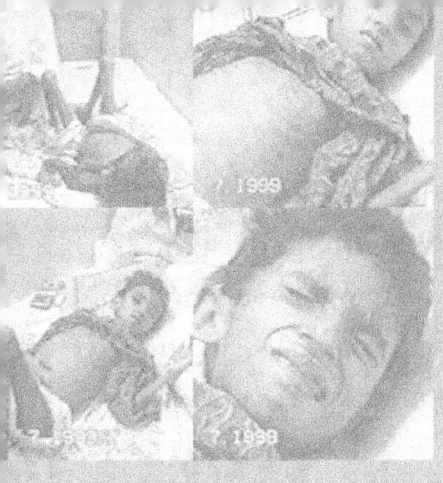

"Je to tak bolestivé...
Je to tak bolestivé,
že nemohu otevřít oči...
Nikdo neví, co jsem cítil,
ale Pán to všechno věděl
a uzdravil mě."

Cynthia z Pákistánu,
uzdravená z celiakie a neprůchodnosti střev

slovem, když Ježíš přikázal vesmíru, poslechl ho. Ze stejného důvodu, jakmile získáme opravdovou víru, spolehneme se na to, v co doufáme a budeme si jisti tím, co nevidíme (Židům 11:1). A dílo moci, která stvořila všechny věci z ničeho, se projeví.

Mimoto, na čtvrté úrovni Boží moci se projevují skutky přesahující prostor a čas.

Mezi Ježíšovými projevy Boží moci několik z nich překročilo prostor a čas. V Markovi 7:24 a dále se vyskytuje scéna, ve které jedna žena naléhavě žádá Ježíše, aby uzdravil její démonem posedlou dceru. Potom, co Ježíš uviděl ženinu pokoru a víru, řekl jí: "Žes to řekla, jdi, zlý duch vyšel z tvé dcery" (v. 29). Když se žena vrátila domů, našla své dítě ležet na lůžku a démon byl pryč.

Třebaže Ježíš osobně nenavštívil každého nemocného, když viděl víru nemocného a přikázal, došlo k uzdravení, které překročilo prostor a čas.

Ježíšovo chození po vodě, které je dílem moci, kterou on sám projevoval, rovněž svědčí o skutečnosti, že všechno ve vesmíru podléhá Ježíšově autoritě.

Kromě toho nám Ježíš v Janovi 14:12 říká: "Amen, amen, pravím vám: Kdo věří ve mne, i on bude činit skutky, které já činím, a ještě větší, neboť já jdu k Otci" (Jan 14:12). Jak nás ujistil, projevují se i v církvi Manmin Central Church opravdu udivující skutky Boží moci.

Například, dochází k různým zázrakům, kdy se mění počasí. Když se pomodlím, mžiknutím oka se zastavuje prudký déšť; ustupují velmi černé mraky; a obloha bez mráčku se ihned naplní mraky. Přihodilo se rovněž bezpočet příkladů, kdy neživé předměty poslechly mou modlitbu. Dokonce i v případě život ohrožující otravy oxidem uhelnatým člověk, který byl v bezvědomí, minutu či dvě po mém příkazu znovu nabyl vědomí a netrpěl žádnými vedlejšími účinky. Když jsem se modlil za jedince, který utrpěl popáleniny třetího stupně: "Pocity pálení, odejděte," tato osoba již déle necítila žádnou bolest.

Navíc, působení Boží moci, která přesahuje prostor a čas, se odehrává o to úžasnějším a ohromujícím způsobem. Obzvláště pozoruhodný je případ dívky jménem Cynthia, dcery reverenda Wilsona Johna Gila, staršího pastora pákistánské církve Manmin Church. Když jsem se v Soulu za Cynthii modlil nad její fotografií, začala se dívka, které lékaři nedávali žádnou naději na uzdravení, rychle uzdravovat od chvíle, kdy jsem se za ni tisíce mil daleko pomodlil.

Na čtvrté úrovni moci se projevuje moc uzdravovat nemoci, vyhánět síly temnoty, konat znamení a zázraky a nařizovat všem věcem, aby poslechly – spojené působení první, druhé, třetí a čtvrté úrovně moci.

Nejvyšší moc stvoření

Bible zaznamenává projevy Ježíšovy moci, které přesahují čtvrtou úroveň moci. Tato úroveň moci, nejvyšší moc stvoření, patří Stvořiteli. Tato moc se neprojevuje na stejné úrovni, na které mohou Boží moc projevovat lidské bytosti. Namísto toho pochází z původního světla, které vyzařovalo, když Bůh existoval sám.

V Janovi 11 Ježíš nařídil Lazarovi, který byl již čtyři dny mrtev a jehož tělo vydávalo odporný zápach: "Lazare, pojď ven!" Na jeho příkaz zemřelý vyšel, měl plátnem svázány ruce i nohy a tvář měl zahalenu šátkem. (v. 43-44).

Potom, co člověk odstraní veškerou špatnost, stane se posvěceným, jeho srdce se začne podobat srdci Boha Otce a změní se v neporušeného ducha, vstoupí do duchovního světa. Čím více znalostí o duchovním světě nashromáždí, tím více stoupne jeho projev Boží moci nad čtvrtou úroveň. V té době dosáhne úrovně moci, moci, kterou může projevovat pouze Božstvo, což je nejvyšší moc stvoření. Když tohoto člověk zcela dosáhne, stejně jako v době, když Bůh stvořil všechno ve vesmíru svým příkazem, i on bude projevovat úžasné dílo stvoření.

Například, když nařídí slepému člověku: "Otevři oči," oči slepého člověka se ihned otevřou. Když nařídí němému člověku: "Promluv!" němý člověk začne ihned mluvit. Když nařídí postiženému: "Postav se," postižený člověk začne chodit a běhat. Když nařídí, zahojí se jizvy a části těla, které byly poškozeny. Toho bude dosaženo světlem a hlasem Boha, který existoval jako světlo a hlas již od počátku věků. Když je neomezená moc stvoření ve světle hlasem odčerpána pryč, sestoupí světlo a projeví se dílo. Toto je cesta pro lidi, kteří překročili hranici života, kterou Bůh nastavit a nemoci a postižení, která nedokáže uzdravit moc první, druhé nebo třetí úrovně, se uzdraví.

Získání moci Boha, který je světlem

Jak se naše srdce může podobat srdci Boha, který je světlem a jak můžeme získat jeho moc a zavést bezpočet lidí na cestu spasení?

Za prvé, musíme se nejenom vyvarovat každé špatnosti a dosáhnout posvěcení, ale rovněž získat dobré srdce a toužit po nejvyšším dobru.

Pokud neprojevujete žádné známky špatných pocitů nebo rozpaky vůči jedinci, který zapříčinil vaši obtížnou životní situaci nebo vám ublížil, dá se říct, že jste dosáhli dobrého srdce? Tak jednoduché to není. Pokud se vám nechvěje srdce ani necítíte rozpaky a čekáte a snažíte se vydržet, jde v Božích očích pouze o první krok k získání dobrého srdce.

Na vyšší úrovni dobra lidé mluví a jednají takovým

způsobem, že to s lidmi, kteří byli příčinou obtížné životní situace nebo ublížili, hluboce pohne. Na úrovni nejvyššího dobra, které se Bohu líbí, musí být jedinec schopen vzdát se vlastního života pro svého nepřítele.

Ježíš dokázal odpustit lidem, kteří ho ukřižovali, a za tyto lidi svobodně dal svůj život, protože dosáhl nejvyššího dobra. Jak Mojžíš, tak apoštol Pavel byli ochotni dát své životy právě za ty lidi, kteří se je pokoušeli zabít.

Jak zareagoval Mojžíš, když chtěl Bůh zničit izraelský lid, který se postavil proti němu uctíváním model, stížnostmi a choval vůči Bohu zášť, třebaže se stal svědkem velikých znamení a zázraků? Úpěnlivě Boha prosil: "Můžeš jim ten hřích ještě odpustit? Ne-li, vymaž mě ze své knihy, kterou píšeš!" (Exodus 32:32). Apoštol Pavel byl stejný. Jak vyznal v Římanům 9:3: "Přál bych si sám být proklet a odloučen od Krista Ježíše za své bratry, za lid, z něhož pocházím," Pavel dosáhl nejvyššího dobra a tak ho vždy doprovázely veliké skutky Boží moci.

Dále, musíme dosáhnout duchovní lásky.

Láska v dnešní době značně polevuje. Ačkoliv si mnoho

lidí navzájem říká: "Mám tě rád," postupem času vidíme, že většina této "lásky" je tělesná láska, která se mění. Boží láska je duchovní láska, která přetrvává den za dnem a je podrobně popsána v 1 Korintským 13.

Za prvé: "Láska je trpělivá [a] laskavá. Nezávidí." Náš Pán nám odpustil všechny naše hříchy a chyby a otevřel cestu ke spasení tím, že trpělivě čekal i na ty, jejichž hříchy jsou neodpustitelné. Avšak třebaže vyznáváme svou lásku k Pánu, jak rychlí jsme k tomu, abychom ukázali na hříchy a chyby našich bratrů a sester? Jsme rychlí k tomu, abychom soudili a odsuzovali druhé, když se nám něco nebo někdo nelíbí? Žárlili jsme na někoho, komu se v životě dobře daří, nebo jsme cítili zklamání?

Dále, láska "se nevychloubá [a] není domýšlivá" (v.5). I když se navenek může zdát, že oslavujeme Pána, jestliže máme srdce, které touží po tom, aby nás ostatní uznávali, chceme být vidět a nevšímáme si druhých nebo je poučujeme kvůli svému postavení nebo autoritě, jde o vychloubání a pýchu.

Navíc, láska "nejedná nečestně, nehledá svůj prospěch, nedá se vydráždit, nepočítá křivdy" (v.5). Naše neomalené chování k Bohu a lidem, naše nestálé srdce a mysl, která se snadno změní, naše úsilí být větší třeba i na úkor druhých, naše snadno se rodící špatné pocity, naše tendence myslet negativně, špatnost druhých a podobně, nevytvářejí lásku.

Kromě toho, láska "nemá radost ze špatnosti, ale vždycky se raduje z pravdy" (v.6). Pokud máme lásku, musíme vždy chodit a radovat se v pravdě. Jak nám říká 3. list Janův 1:4: "Nemám větší radost, než když slyším, že moje děti žijí v pravdě," pravda musí být zdrojem našeho potěšení a štěstí.

A nakonec, láska "vydrží, láska věří, láska má naději [a] láska vytrvá" (v.7). Ti, kdo opravdu milují Boha, poznají Boží vůli, a tak začnou věřit všem věcem. Jak se lidé těší a vážně věří v návrat našeho Pána, vzkříšení věřících, nebeské odměny a podobně, doufají ve výše uvedené věci, snášejí všechny těžkosti a usilují o to naplnit Boží vůli.

Aby projevovali důkazy Boží lásky k těm, kdo zachovávají pravdu jako dobrotu, lásku a další, jak je zapsáno v Bibli, dává jim Bůh, který je světlem, jako dar svou moc. On se rovněž nemůže dočkat, až se setká se všemi, kteří usilují o to chodit ve světle a odpoví jim na všechny jejich otázky.

Proto, kéž se zkoumáním sebe sama a roztržením svého srdce stanete vy, kteří toužíte přijmout Boží požehnání a odpovědi, před Bohem připravenými nádobami a zakusíte Boží moc. Takto se modlím ve jménu našeho Pána Ježíše Krista!

Šesté poselství
Oči slepého se otevírají

Jan 9:32-33

*Co je svět světem,
nebylo slýcháno,
že by někdo otevřel
oči slepého od narození.
Kdyby tento člověk nebyl od Boha,
nemohl by nic takového učinit*

Ve Skutcích 2:22 Ježíšův učedník Petr potom, co obdržel Ducha svatého, mluvil s Židy tak, že citoval slova proroka Jóela. "Muži izraelští, slyšte tato slova: Ježíše Nazaretského Bůh potvrdil před vašimi zraky mocnými činy, divy a znameními, která mezi vámi skrze něho činil, jak sami víte." Ježíšovy veliké projevy moci, znamení a zázraků byly důkazy svědčící o tom, že Ježíš, kterého Židé ukřižovali, byl opravdu Mesiáš, jehož příchod byl předpovězen ve Starém zákoně.

Navíc sám Petr začal projevovat Boží moc potom, co dostal Ducha svatého a byl jím zmocněn. Uzdravil chromého žebráka (Skutky 3:8) a lidé dokonce vynášeli nemocné na ulici a kladli je na lehátka a na nosítka, aby na některého padl aspoň Petrův stín, až půjde kolem (Skutky 5:15).

Protože moc je něco jako poukaz, který svědčí o tom, že Boží přítomnost je s tím, kdo projevuje moc a nejspolehlivější způsob, jak zasadit semínko víry do srdcí nevěřících, Bůh dává svou moc těm, které k tomu pokládá za vhodné.

Ježíš uzdravuje slepého od narození

Příběh z 9. kapitoly Janova evangelia začíná tím, že Ježíš na své cestě potkává člověka, který je od narození slepý. Ježíšovi učedníci chtěli vědět, proč se ten muž narodil slepý. "Mistře, kdo se prohřešil, že se ten člověk narodil slepý? On sám, nebo jeho rodiče?" (v.2). Ježíš jim odpověděl, že se ten muž narodil slepý, aby se na něm zjevily Boží skutky (v.3). Když to řekl, plivl na zem, udělal ze sliny bláto, potřel slepému tím blátem oči a nařídil muži slepému od narození: "Jdi, umyj se v rybníce Siloe." (v. 6-7). Když muž neprodleně poslechl a umyl se v rybníce Siloe, jeho oči se otevřely.

Třebaže v Bibli existuje mnoho jiných lidí, které Ježíš uzdravil, je tu jeden rozdíl mezi tímto mužem slepým od narození a zbytkem těchto lidí. Tento muž nežádal Ježíše o uzdravení; místo toho Ježíš přišel k němu a zcela ho uzdravil.

Proč se tedy tomuto muži, který se narodil slepý, dostalo takové přehojné milosti?

Za prvé, tento muž byl poslušný.

Pro normálního člověka nic z toho, co Ježíš udělal – plivnutí na zem, udělání bláta ze sliny, potření očí slepého muže tím blátem a nařízení muži, aby šel a umyl se v rybníce Siloe – nedává smysl. Zdravý rozum nedovoluje jedinci jako takovému, aby uvěřil, že se oči člověka slepého od narození otevřou potom, co se potřou blátem a umyjí ve vodě. Kromě toho, pokud by tato osoba slyšela tento příkaz, aniž by věděla, kdo Ježíš je, ona i většina lidí by nejen nevěřila, ale také by se evidentně nazlobila. To však nebyl případ tohoto muže. Jak Ježíš nařídil, tak muž udělal a umyl si oči v rybníce Siloe. Skutečně a překvapivě se jeho oči, které byly zavřeny od chvíle, kdy se narodil, nyní poprvé otevřely a muž začal vidět.

Pokud si myslíte, že se Boží slovo neshoduje s lidským zdravým rozumem nebo zkušeností, pokuste se zachovávat jeho slovo s pokorným srdcem, jako měl tento od narození slepý muž. Potom na vás sestoupí Boží milost a jako se otevřely oči tomuto slepému muži, zažijete i vy úžasnou zkušenost.

Za druhé, duchovní zrak od narození slepého muže, díky kterému dokázal rozlišovat pravdu od nepravdy, byl otevřený.

Z jeho rozmluvy se Židy potom, co se uzdravil, můžeme vydedukovat, že zatímco oči slepého muže byly fyzicky zavřené, ve svém dobrém srdci dokázal rozeznat správné od špatného. Naopak, Židé byli duchovně slepí, uzavření uvnitř své nekompromisní hranice zákona. Když se ho Židé ptali na podrobnosti uzdravení, muž, který býval slepý, statečně prohlásil: "Člověk jménem Ježíš udělal bláto, potřel mi oči a řekl mi: 'Jdi k Siloe a umyj se!' Šel jsem tedy, umyl jsem se a vidím" (v.11).

Když ve své nevíře Židé podrobně vyslýchali muže, který býval slepý: "Za koho ty jej pokládáš, když ti otevřel oči?" muž odpověděl: "Je to prorok" (v.17). Muž si myslel, že když je Ježíš dostatečně mocný k tomu, aby uzdravil slepotu, musí být Božím mužem. Židé však muže ironicky napomenuli: "Vyznej před Bohem pravdu! My víme, že ten člověk je hříšník" (v.24).

Jak nelogické je jejich tvrzení? Bůh neodpovídá na modlitbu hříšníka. Ani nedává hříšníkovi moc, aby otevřel oči slepého člověka a získal tím slávu. I když tomu Židé nedokázali ani uvěřit ani to pochopit, muž, který býval slepý, pokračoval ve svých odvážných a pravdivých vyznáních: "Víme, že hříšníky Bůh neslyší; slyší však toho, kdo ctí a činí jeho vůli. Co je svět světem, nebylo slýcháno, že by někdo otevřel oči slepého od narození. Kdyby tento člověk nebyl od Boha, nemohl by nic takového učinit" (v. 31-33).

Protože od doby stvoření nebyly nikdy otevřeny oči slepému, měl by se každý, kdo uslyšel zprávy o tomto muži, radovat a oslavovat jeho uzdravení. Namísto toho se mezi Židy rozhostila atmosféra souzení, odsuzování a nepřátelství. Protože byli Židé duchovně příliš ignorantští, mysleli si, že skutek samotného Boha byl činem postavení se proti němu. Bible nám však říká, že pouze Bůh dokáže otevřít oči slepému.

Žalm 146:8 nám připomíná: "Hospodin otvírá oči slepým, Hospodin sehnuté napřimuje, Hospodin miluje spravedlivé", zatímco Izajáš 29:18 nám říká: "I uslyší v onen den hluší slova knihy a oči slepých prohlédnou z temnoty a ze tmy." Izajáš 35:5 nám rovněž říká: "Tehdy se rozevřou oči slepých a otevřou se uši hluchých." "V onen den" a "Tehdy" se vztahují na dobu, kdy přišel Ježíš a otevíral oči slepým. Navzdory těmto pasážím a připomenutím, uvnitř své nekompromisní hranice a špatnosti nemohli Židé uvěřit Božímu skutku, který projevil Ježíš, a namísto toho považovali Ježíše za hříšníka, který nezachovával Boží slovo. I když muž, který býval slepý, neměl veliké množství znalostí zákona, ve svém dobrém svědomí znal pravdu: že hříšníkům Bůh nenaslouchá. Muž rovněž věděl, že uzdravení slepých očí může způsobit pouze Bůh.

Za třetí, potom, co muž, který býval slepý, obdržel Boží milost, předstoupil před Pána a rozhodl se vést zcela nový život.

Až do dnešního dne jsem se v církvi Manmin Central Church stal svědkem nesčetných případů, kdy lidé na prahu smrti obdrželi sílu a odpovědi na všemožné problémy ve svém životě. Já ale naříkám pro lidi, jejichž srdce se nezmění ani potom, co obdrží Boží milost a za jiné, kteří opouštějí svou víru a vracejí se zpět na stezky tohoto světa. Když jsou jejich životy bolestné a plné utrpení, začnou se takoví lidé v slzách modlit: "Jakmile budu uzdraven, budu žít pouze pro

"Mami, je to tak oslepující... poprvé vidím světlo... Nikdy bych si nepomyslela, že k tomu dojde..."

Jennifer Rodriguez z Filipín, která byla slepá od narození, začala v osmi letech poprvé vidět

Pána." Když opravdu získají uzdravení a požehnání, opouštějí tito lidé v honbě za vlastním prospěchem milost a scházejí z cesty pravdy. Třebaže mohou mít vyřešené své fyzické problémy, je to zbytečné, protože se jejich duch oddělil od cesty spasení a jsou na cestě do pekla.

Tento muž, který se narodil slepý, měl dobré srdce, které se nezřeklo milosti. Proto, když se setkal s Ježíšem, nebyl pouze uzdraven ze slepoty, ale rovněž ubezpečen požehnáním spasení. Když se ho Ježíš zeptal: "Věříš v Syna člověka?" muž odpověděl: "A kdo je to, pane, abych v něho uvěřil?" (v. 35-36). Když Ježíš řekl: "Vidíš ho; je to ten, kdo s tebou mluví," muž vyznal: "Věřím, Pane" (v. 37-38). Muž nejenom "uvěřil"; on přijal Ježíše jako Krista. Toto bylo mužovo pevné vyznání, kterým se rozhodl následovat pouze Pána a žít pouze pro Pána.

Bůh touží po tom, abychom před něj všichni představili s tímto srdcem. Chce, abychom ho hledali nejenom proto, aby uzdravil naše nemoci a požehnal nám. Touží po tom, abychom porozuměli jeho opravdové lásce, která neušetřila svého jediného Syna a dala ho za nás a abychom přijali Ježíše jako svého Spasitele. Navíc, máme ho milovat nejenom svými ústy, ale také svým jednáním podle

"Mé srdce mne dovedlo na toto místo...

Toužila jsem pouze po milosrdenství...

*Bůh mi dal veliký dar.
Co mě činí ještě šťastnější
než to, že vidím,
je skutečnost,
že jsem se setkala s živým Bohem!"*

Maria z Hondurasu,
která ztratila zrak v pravém oku,
když jí byly dva roky,
začala po modlitbě Dr. Jaerocka Lee
znovu vidět

Božího slova. V 1. listu Janově 5:3 nám říká: "V tom je totiž láska k Bohu, že zachováváme jeho přikázání; a jeho přikázání nejsou těžká." Pokud skutečně milujeme Boha, musíme odhodit všechno, co je uvnitř nás špatné a každý den chodit ve světle.

Když Boha o cokoliv požádáme s takovouto vírou a láskou, jak by nám mohl neodpovědět? Věřte, že jak nám Ježíš zaslibuje v Matoušovi 7:11: "Jestliže tedy vy, ač jste zlí, umíte svým dětem dávat dobré dary, tím spíše váš Otec v nebesích dá dobré těm, kdo ho prosí!" náš Otec Bůh odpoví na modlitby svých milovaných dětí.

Proto nezáleží, s jakou nemocí nebo problémem před Boha předstupujete. S vyznáním "Věřím, Pane!" pramenícím z hloubi vašeho srdce, a když projevíte skutky své víry, Pán, který uzdravil slepého od narození, uzdraví jakoukoliv nemoc, otočí nemožné v možné a vyřeší všechny problémy ve vašem životě.

**Otevření očí slepým
v církvi Manmin Central Church**

"Lékaři mi říkali,
že brzy oslepnu…
věci začaly blednout…

Děkuji, Pane,
že jsi mi dal světlo…

Čekal jsem na tebe…"

Rev. Ricardo Morales z Hondurasu,
který po nehodě
téměř oslepl,
ale začal znovu vidět

Od založení církve Manmin v roce 1982 naše církev velmi oslavuje Boha skutky, při kterých se otevírají oči bezpočtu lidem, kteří bývali slepí. Mnoho lidí, kteří byli od narození slepí, získalo po modlitbě zrak. Zrak mnoha dalších, jejichž oči se zkazily a byli tedy odkázáni na brýle nebo kontaktní čočky, se rovněž obnovil. Následuje jen několik příkladů z mnoha podivuhodných svědectví těchto lidí.

Když jsem v červenci 2002 vedl Velikou sjednocenou kampaň v Hondurasu, byla zde i dvanáctiletá dívka jménem Maria, která přestala po těžké horečce ve věku dvou let vidět na pravé oko. Její rodiče ji nadarmo podrobili rozmanitým pokusům o to, aby se jí navrátil zrak. Dokonce i transplantace rohovky, které se Maria podrobila, neměla žádný účinek. Během následujících deseti let potom, co selhala transplantace, nedokázala Maria pravým okem vidět ani světlo.

Potom v roce 2002, kdy opravdově zatoužila po Boží milosti, navštívila Maria kampaň, na které přijala mou modlitbu, začala vidět světlo a brzy došlo k obnovení zraku. Nervy v jejím pravém oku, které zcela ochably a odumřely, byly Boží mocí znovu vytvořeny. Jak je to úžasné?

Nezměrné množství lidí v Hondurasu oslavovalo a provolávalo: "Bůh je opravdu živý a působí svou mocí i dnes!" Pastor Ricardo Morales téměř oslepl, ale sladkou vodou z Muanu byl zcela uzdraven. Sedm let před touto kampaní v Hondurasu se stal pastor Ricardo obětí dopravní nehody, při které byla jeho sítnice těžce poškozena a utrpěla silné krvácení. Lékaři pastorovi Ricardovi řekli, že postupně ztratí zrak a nakonec oslepne. Avšak v roce 2002, v první den Konference pro vedoucí představitele církví v Hondurasu, se uzdravil. Potom, co uslyšel Boží slovo, potřel si pastor Ricardo s vírou své oči sladkou vodou z Muanu a k jeho velikému úžasu se předměty okolo něj do minuty staly jasnějšími. Nejprve, protože s něčím takovým nepočítal, tomu nemohl pastor Ricardo uvěřit. Tento večer, s nasazenými brýlemi, navštívil pastor Ricardo první setkání kampaně. Potom pojednou sklíčka z jeho brýlí vypadla a on uslyšel hlas Ducha svatého: "Pokud si teď nesundáš brýle, budeš slepý." Pastor Ricardo si tedy sundal brýle a uvědomil si, že věci okolo sebe jasně vidí. Navrátil se mu zrak a pastor Ricardo velmi chválil Boha.

V církvi Manmin Church v Nairobi v Keni se stalo, že

jeden mladý muž jménem Kombo jednou navštívil své rodné město, které je asi 400 kilometrů (okolo 250 mil) vzdálené od této církve. Během této návštěvy řekl své rodině evangelium a pověděl jim o úžasných skutcích Boží moci, které se konají v církvi Manmin Central Church v Soulu. Modlil se za ně s šátkem, na kterém jsem se předtím modlil já. Kombo své rodině rovněž věnoval kalendář, který církev vytiskla.

Potom, co uslyšela svého vnuka kázat evangelium, pomyslela si toužebně Kombova babička, která byla slepá a zrovna držela kalendář ve svých rukou: 'Také bych ráda viděla fotku Dr. Jaerocka Lee.' Co následovalo, byl opravdový zázrak. Jakmile Kombova babička rozložila kalendář, otevřely se jí oči a ona mohla fotku vidět. Haleluja! Kombova rodina přímo zažila skutek moci, která otevřela oči slepé ženě, a všichni uvěřili v živého Boha. Navíc, když se po vesnici rozšířila zpráva o této události, lidé žádali, aby v jejich vesnici byla také založena pobočka církve.

Díky nesčetným skutkům Boží moci na celém světě existují nyní po celém světě tisíce poboček církve Manmin a svaté evangelium se káže až na sám konec země. Když uznáte a uvěříte ve skutky Boží moci, můžete se rovněž stát dědici jeho požehnání.

Jako to bývalo zvykem v Ježíšově době, místo toho, aby se lidé radovali a chválili společně Boha, mnoho jich dnes soudí, odsuzuje a mluví proti skutkům Ducha svatého. Musíme si uvědomit, že jak nám Ježíš konkrétně řekl v Matoušovi 12:31-32, jde o strašný hřích: "Proto pravím vám, že každý hřích i rouhání bude lidem odpuštěno, ale rouhání proti Duchu svatému nebude odpuštěno. I tomu, kdo by řekl slovo proti Synu člověka, bude odpuštěno; ale kdo by řekl slovo proti Duchu svatému, tomu nebude odpuštěno v tomto věku ani v budoucím."

Abychom se nestavěli proti skutkům Ducha svatého, ale namísto toho zažívali skutky Boží moci, musíme uznávat a toužit po jeho skutcích podobně jako muž z 9. kapitoly Janova evangelia, který býval slepý. Podle toho, jak moc se lidé připravují jako Boží nádoby, aby s vírou dostali odpovědi na své modlitby, někteří zakusí skutky Boží moci, zatímco jiní ne.

Jak nám říká Žalm 18:25-26: "Ty věrnému osvědčuješ věrnost, muži dokonalému svou dokonalost, ryzímu svou ryzost osvědčuješ, s neupřímným se však pouštíš do zápasu," kéž se každý z vás svou vírou v Boha, který nás odměňuje podle toho, co jsme vykonali, a odhaluje naše skutky víry, stane dědicem Božího požehnání. Takto se modlím ve jménu našeho Pána Ježíše Krista!

Sedmé poselství
Lidé vstávají, skáčou a chodí

Marek 2:3-12

*Tu k němu přišli s ochrnutým;
čtyři ho nesli.
Protože se pro zástup nemohli k němu dostat,
odkryli střechu tam, kde byl Ježíš,
prorazili otvor a
pustili dolů nosítka, na kterých ochrnutý ležel. Když Ježíš viděl
jejich víru, řekl ochrnutému:
'Synu, odpouštějí se ti hříchy.'
Seděli tam někteří ze zákoníků
a v duchu uvažovali:
'Co to ten člověk říká?
Rouhá se! Kdo jiný může odpouštět hříchy než Bůh?' Ježíš hned
svým duchem poznal,
o čem přemýšlejí,
a řekl jim: 'Jak to,
že tak uvažujete? Je snadnější říci ochrnutému:
"Odpouštějí se ti hříchy," anebo říci: "Vstaň, vezmi své lože a chod'"?
Abyste však věděli, že Syn člověka
má moc na zemi odpouštět hříchy
- řekne ochrnutému:
"Pravím ti, vstaň,
vezmi své lože a jdi domů!"'
On vstal, vzal hned své lože
a vyšel před očima všech,
takže všichni žasli a chválili Boha: 'Něco takového jsme ještě
nikdy neviděli.'*

Bible nám říká, že v Ježíšových dobách bylo zcela uzdraveno mnoho lidí, kteří byli ochrnutí nebo postižení a velmi chválili Boha. Jak nám Bůh zaslíbil v Izajášovi 35:6: "Tehdy kulhavý poskočí jako jelen a jazyk němého bude plesat," a znovu v Izajášovi 49:8: "Odpovím ti v čase přízně, pomohu ti v den spásy, budu tě opatrovat, dám tě za smlouvu lidu, abys pozvedl zemi a zpustošená dědictví vrátil," Bůh nám nejenom odpoví, ale také nás dovede ke spasení.

Toto se v současné době neustále dosvědčuje v církvi Manmin Central Church, kde díky skutkům úžasné Boží moci začíná mnoho pacientů chodit, vstávat z invalidních vozíků a odhazovat berle.

S jakou vírou představil před Ježíše ochrnutý muž vystupující v 2. kapitole Markova evangelia, který získal spasení a požehnání? Modlím se, aby ti z vás, kteří nemohou v současné době chodit kvůli nějaké nemoci, znovu vstali, chodili a běhali.

Ochrnutý slyší zprávy o Ježíšovi

Ve 2. kapitole Markova evangelia je zachycen podrobný popis událostí okolo ochrnutého, kterého Ježíš uzdravil, když navštívil Kafarnaum. V tomto městě žil velmi chudý ochrnutý člověk, který nebyl schopen se sám posadit bez pomoci druhých a byl na živu pouze proto, že nemohl zemřít. Avšak, uslyšel zprávy o Ježíšovi, který otevřel oči slepému, postavil na nohy ochrnutého, vyháněl zlé duchy a uzdravoval lidi z nejrůznějších nemocí. Protože měl tento muž dobré srdce, když uslyšel zprávy o Ježíšovi, zapamatoval si je a začal si toužebně přát se s ním setkat.

Jednoho dne ochrnutý muž zaslechl, že Ježíš přišel do Kafarnaum. Jak radostné a plné vzrušení muselo být jeho očekávání ze setkání s Ježíšem? Ochrnutý muž ale nebyl schopen se sám pohybovat, a tak vyhledal přátele, kteří by ho mohli k Ježíšovi přinést. Naštěstí si jeho přátelé byli rovněž dobře vědomi toho, že Ježíš je nablízku a souhlasili s tím, že svému příteli pomohou.

Ochrnutý a jeho přátelé předstupují před Ježíše

Ochrnutý muž a jeho přátelé dorazili k domu, ve kterém Ježíš kázal, ale protože se zde shromáždil veliký zástup lidí, nemohli najít blízko dveří žádné místo natož, aby se dostali dovnitř. Okolnosti nedovolovaly ochrnutému a jeho přátelům předstoupit před Ježíše. Museli naléhavě žádat zástup: "Prosím, jděte stranou! Máme vážně nemocného pacienta!" Nicméně, dům a jeho blízké okolí byly napěchovány lidmi. Pokud by ochrnutý muž a jeho přátelé měli nedostatek víry, možná by se vrátili domů, aniž by se s Ježíšem setkali.

Nicméně, oni se nevzdali, ale namísto toho prokázali svou víru. Po chvíli uvažování, jak by to udělali, aby se setkali s Ježíšem, začali přátelé ochrnutého jako poslední možnost prorážet otvor ve střeše nad Ježíšem. I když se později museli omluvit vlastníkovi domu a zaplatit mu vzniklou škodu, ochrnutý a jeho přátelé byli natolik zoufalí, aby se setkali s Ježíšem a došlo k uzdravení, že to udělali.

Víru doprovázejí skutky a skutky víry se mohou projevit pouze, když sami sebe s pokorným srdcem poníží te. Pomysleli jste si nebo řekli jste si někdy: "Ačkoliv chci jít na bohoslužbu, můj fyzický stav mi to nedovoluje"? Pokud by ochrnutý stokrát vyznal: "Pane, já věřím, že ty víš, že se s tebou nemohu setkat, protože jsem ochrnutý. Také věřím, že mě uzdravíš, třebaže ležím na své posteli," neřeklo by se o něm, že prokázal svou víru.

Bez ohledu na to, co ho to mohlo stát, ochrnutý muž předstoupil před Ježíše, aby získal uzdravení. Ochrnutý muž věřil a byl přesvědčen, že když se s Ježíšem setká, bude uzdraven. Proto požádal své přátele, aby ho před Ježíše přinesli. Navíc, protože jeho přátelé měli rovněž víru, mohli svému ochrnutému příteli posloužit i tím, že prorazili otvor ve střeše neznámého člověka.

Jestliže opravdově věříte, že budete před Bohem uzdraveni, předstoupení před něj je důkazem vaší víry. Proto potom, co prorazili otvor ve střeše, přátelé ochrnutého spustili dolů nosítka, na kterých ochrnutý ležel, a dostali ho před Ježíše. V té době byly střechy v Izraeli rovné a po straně každého domu bylo schodiště, které umožňovalo lidem snadný přístup nahoru na střechu. Kromě toho se daly střešní tašky snadno odstranit. Tento způsob bydlení dovolil ochrnutému předstoupit před Ježíše blíže, než se podařilo komukoliv jinému.

Potom, co vyřešíme problém hříchu, můžeme od Boha dostat odpovědi

V Markovi 2:5 vidíme, že Ježíš je evidentně potěšen skutky víry ochrnutého muže. Proč Ježíš předtím, než ochrnutého muže uzdravil, řekl: "Synu, odpouštějí se ti hříchy"? To proto, že uzdravení musí předcházet odpuštění hříchů.

V Exodu 15:26 nám Bůh říká: "Jestliže opravdu budeš poslouchat Hospodina, svého Boha, dělat, co je v jeho očích správné, naslouchat jeho přikázáním a dbát na všechna jeho nařízení, nepostihnu tě žádnou nemocí, kterou jsem postihl Egypt. Neboť já jsem Hospodin, já tě uzdravuji." Úsek "žádnou nemocí, kterou jsem postihl Egypt" se zde vztahuje na každou nemoc známou člověku. A tak, když posloucháme Boží nařízení a žijeme podle Božího slova, Bůh nás bude chránit, aby se nás žádná nemoc nikdy nezmocnila. Navíc, v Deuteronomiu 28 nám Bůh zaslibuje, že potud, pokud budeme zachovávat Boží slovo a žít podle něj, žádná nemoc nikdy nepronikne do našeho těla. Potom, co Ježíš v Janovi 5 uzdravil muže, který byl nemocen třicet osm let, řekl mu: "Hle, jsi zdráv. Už nehřeš, aby tě nepotkalo něco horšího!" (v.14).

Neboť všechny nemoci pramení z hříchu, předtím, než Ježíš uzdravil ochrnutého, odpustil mu. Předstoupení před Ježíše však vždy nevede k odpuštění. Abychom byli uzdraveni, musíme nejprve činit pokání ze svých hříchů a odvrátit se od nich. Jestliže jste byli hříšníky, musíte se stát těmi, kdo již nehřeší; pokud jste byli lháři, musíte se stát těmi, kdo již nelžou; a pokud jste měli druhé v nenávisti, nesmíte již nenávidět. Bůh dává odpuštění pouze těm, kdo zachovávají Boží slovo. Navíc vám vyznání: "Věřím" nezaručuje odpuštění; když vycházíme na světlo, bude nás krev našeho Pána přirozeně očišťovat ze všech našich hříchů (1 Janův 1:7).

Ochrnutý chodí díky Boží moci

Ve 2. kapitole Markova evangelia vidíme, že potom, co získal odpuštění, ochrnutý muž vstal, vzal své lože a vyšel před očima všech ven. Když se dostal před Ježíše, ležel na nosítkách. Avšak ve chvíli, kdy mu Ježíš řekl: "Synu, odpouštějí se ti hříchy" (v.5), byl tento muž uzdraven.

Místo toho, aby se radovali z uzdravení, se však učitelé zákona přeli. Když Ježíš muži řekl: "Synu, odpouštějí se ti hříchy," v duchu uvažovali: "Co to ten člověk říká? Rouhá se! Kdo jiný může odpouštět hříchy než Bůh?"(v.7) Nato jim Ježíš řekl: "Jak to, že tak uvažujete? Je snadnější říci ochrnutému: 'Odpouštějí se ti hříchy,' anebo říci: 'Vstaň, vezmi své lože a choď'? Abyste však věděli, že Syn člověka má moc na zemi odpouštět hříchy" (v. 8-10). Potom, co je Ježíš poučil o Boží prozíravosti, když ochrnutému řekl: "Pravím ti, vstaň, vezmi své lože a jdi domů!" (v.11), muž ihned vstal a chodil. Jinými slovy, pro muže, který byl ochrnutý, znamenalo uzdravení, že získal odpuštění a že Bůh zaručil každé slovo, které Ježíš řekl. Je to rovněž důkaz toho, že všemohoucí Bůh se zaručuje za Ježíše jako za Spasitele lidstva.

Příklady toho, kdy lidé vstali, vyskočili a začali chodit

V Janovi 14:11 nám Ježíš říká: "Věřte mi, že já jsem v Otci a Otec ve mně; ne-li, věřte aspoň pro ty skutky! Proto věříme, že Otec Bůh a Ježíš jsou jedno a totéž, což nám dosvědčuje to, že ochrnutému, který předstoupil před Ježíše s vírou, bylo odpuštěno a on na Ježíšův příkaz vstal, vyskočil a začal chodit.

V následujícím verši v Janovi 14:12 nám Ježíš říká: "Amen, amen, pravím vám: Kdo věří ve mne, i on bude činit skutky, které já činím, a ještě větší, neboť já jdu k Otci." Protože jsem Božímu slovu věřil na sto procent, tak jsem se potom, co jsem byl povolán jako Boží služebník, mnoho dnů modlil a postil, abych obdržel jeho moc. Následkem toho došlo k tomu, že od založení církve Manmin hojně docházelo k uzdravování nemocí, se kterými si nedokázala poradit moderní věda.

Pokaždé, když církev jako celek obstála ve zkouškách vedoucích k požehnání, byla rychlost, se kterou pacienti získávali uzdravení, ještě větší, zatímco docházelo k uzdravování stále vážnějších nemocí. Veliké množství lidí po celém světě zakoušelo podivuhodnou Boží moc na celosvětově konaných Velikých spojených kampaních a na každoročním Speciálním dvoutýdenním probuzeneckém setkání, které se konalo od roku 1993 do roku 2004.

Mezi mnohými příklady, kdy lidé vstali, vyskočili a začali

chodit, následuje několik z nich.

Po devíti letech vstává z invalidního vozíku

První svědectví je svědectví diákona Yoonsupa Kima. V květnu 1990 spadl z výšky odpovídající pětipatrové budově, zatímco pracoval v Taedok Science Town v Jižní Koreji jako elektrikář. To se stalo předtím, než Kim uvěřil v Boha.

Ihned po pádu byl odvezen do nemocnice Sun Hospital v Yoosungu v provincii Choongnam, kde ležel šest měsíců v kómatu. Potom, co se probral z kómatu, však byla bolest způsobená tlakem a zlomeninami jedenáctého a dvanáctého hrudního obratle a kýlou ve čtvrtém a pátém bederním obratli nesnesitelná. Lékaři v nemocnici informovali Kima o tom, že jeho stav byl kritický. Mnohokrát byl přijat v jiných nemocnicích. Nicméně, bez jakékoliv změny nebo progresu byl Kimův stav diagnostifikován jako invalidita prvního stupně. Okolo pasu musel Kim neustále nosit dlahu kvůli své páteři. Navíc, protože si nemohl lehnout, musel spát vsedě.

Během tohoto obtížného období někdo Kima

"Mé nehybné nohy a pás…
mé tvrdnoucí srdce…

Nemohu si lehnout,
nemohu chodit…
na koho mohu spoléhat?

Kdo mě přijme?
Jak mám žít?"

Diákon Yoonsup Kim
s dlahou na zádech a na invalidním vozíku

*"Haleluja!
Bůh je živý!
Vidíte, jak chodím?"*

Diákon Kim se s ostatními členy církve Manmin raduje potom, co byl modlitbou Dr. Jaerocka Lee uzdraven

evangelizoval a on přišel do církve Manmin, kde začal svůj život v Kristu. Když v listopadu 1998 navštívil Speciální setkání za zázračné uzdravení, zažil Kim neuvěřitelnou zkušenost. Před tímto setkáním nebyl schopen si lehnout na záda nebo sám navštívit toaletu. Potom, co ode mě přijal modlitbu, dokázal vstát ze svého invalidního vozíku a chodit o berlích.

Aby získal úplné uzdravení, navštěvoval diákon Kim věrně všechny bohoslužby a setkání a nikdy se nepřestal modlit. Navíc, s nejvroucnější touhou a při přípravě na sedmé Speciální dvoutýdenní probuzenecké setkání v květnu 1999, se dvacet jedna dnů postil. Když jsem se během první schůzky celého setkání z kazatelny modlil za nemocné, diákon Kim ucítil, jak jej ozářil silný paprsek světla a měl vidění, ve kterém běhal. Když jsem na něj druhý týden setkání vložil ruce a modlil jsem se za něho, cítil, že jeho tělo je lehčí. Když oheň Ducha svatého sestoupil na jeho nohy, byla mu dána jemu neznámá síla. Mohl odhodit dlahu, která podpírala jeho páteř, bez problémů chodit a volně hýbat pasem.

Díky Boží moci začal diákon Kim chodit jako normální člověk. Dokonce dnes jezdí na kole a horlivě slouží v církvi.

Kromě toho se nedávno diákon Kim oženil a nyní vede opravdu šťastný život.

Po modlitbě s šátkem vstává z invalidního vozíku

V církvi Manmin se odehrávají mimořádné zázraky a působivé události, které jsou zaznamenány v Bibli; skrze ně je Bůh ještě více oslavován. Mezi takovéto události a zázraky patří projevování Boží moci prostřednictvím šátků.

Ve Skutcích 19:11-12 najdeme: "Bůh konal skrze Pavla neobvyklé mocné činy. Lidé dokonce odnášeli k nemocným šátky a zástěry, kterých se dotkl, a zlí duchové je opouštěli."

Podobně, když lidé vezmou šátek, na kterém jsem se modlil nebo jiný takový předmět a zanesou ho nemocnému, projeví se úžasný skutek uzdravení. V důsledku toho nás mnoho zemí a lidí po celém světě žádá, abychom uspořádali kampaň uzdravování prostřednictvím šátku v jejich vlastním regionu. Navíc bezpočet lidí v Africe, Pákistánu, Indonésii, na Filipínách, v Hondurasu, Japonsku, Číně, Rusku a mnoha dalších zemích rovněž zažívá "mimořádné zázraky".

V dubnu 2001 jeden z pastorů církve Manmin vedl kampaň uzdravování prostřednictvím šátku v Indonésii, na které bylo uzdraveno mnoho lidí, kteří vzdali Bohu slávu. Mezi nimi byl i dřívější státní guvernér, který byl odkázaný na invalidní vozík. Když byl po modlitbě s šátkem uzdraven, brzy se z toho stal velký námět pro tisk.

V květnu 2003 jiný pastor církve Manmin vedl kampaň uzdravování prostřednictvím šátku v Číně, na které mezi mnoha případy uzdravení začal sám bez pomoci chodit muž, který se musel třicet čtyři let spoléhat na berle.

Ganesh odhazuje své berle na Festivalu zázračného uzdravování a modliteb v Indii v roce 2002

Na Festivalu zázračného uzdravování a modliteb v Indii v roce 2002, který se konal na Marina Beach v Chennai v převážně hinduistické Indii, se shromáždilo více než tři milióny lidí, kteří se stali přímými svědky skutečně podivuhodných skutků Boží moci, a mnoho z nich

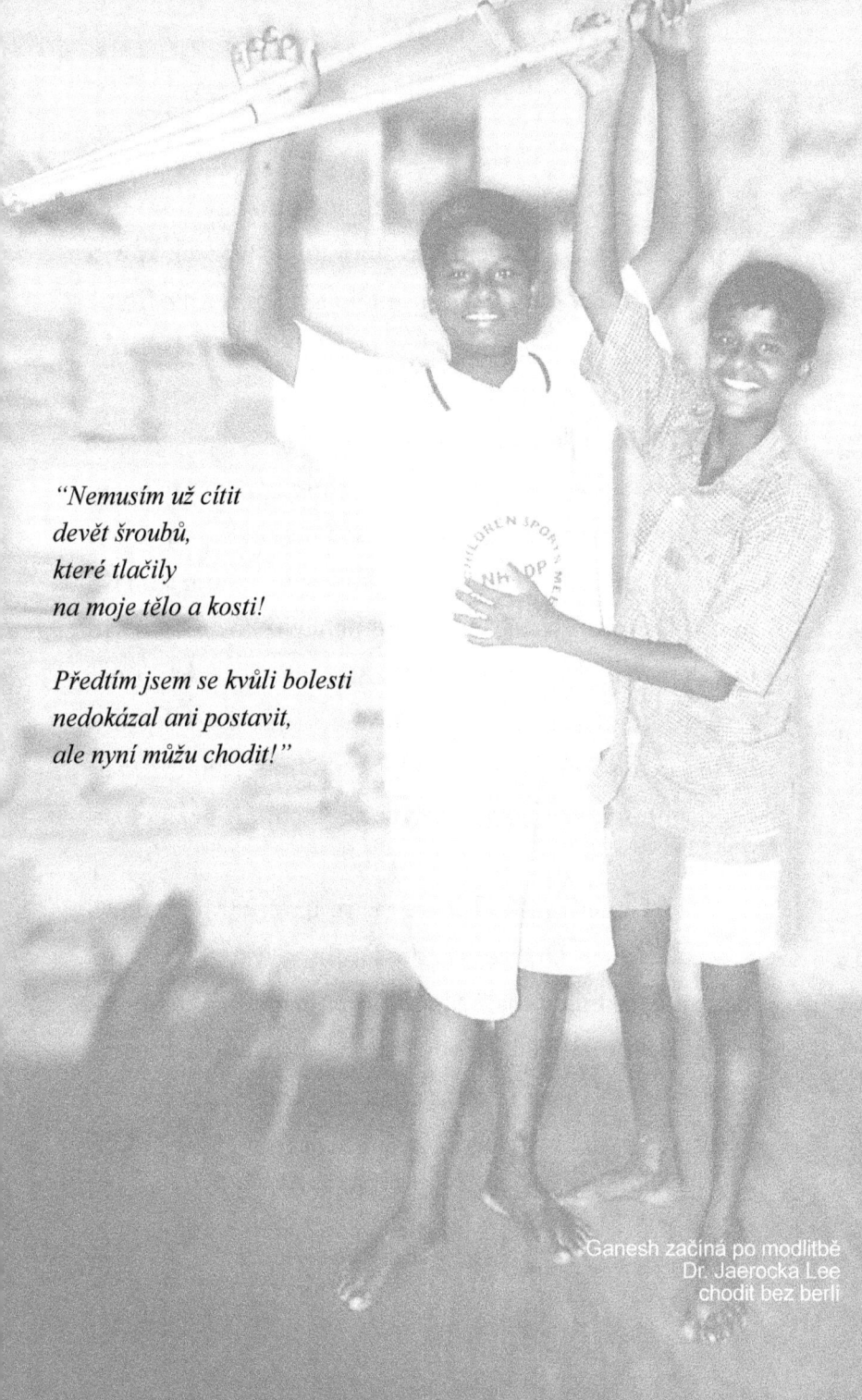

*"Nemusím už cítit
devět šroubů,
které tlačily
na moje tělo a kosti!*

*Předtím jsem se kvůli bolesti
nedokázal ani postavit,
ale nyní můžu chodit!"*

Ganesh začíná po modlitbě
Dr. Jaerocka Lee
chodit bez berlí

konvertovalo ke křesťanství. Před touto kampaní se rychlost, s jakou docházelo k uvolňování nehybných kostí a oživování mrtvých nervů, pomalu zvyšovala. Počínaje kampaní v Indii se skutky uzdravení začaly řádu nastolenému v lidském těle vymykat.

Mezi těmi, kdo byli uzdraveni, byl šestnáctiletý chlapec jménem Ganesh. Spadl z kola a zranil si pravou pánevní kost. Obtížná finanční situace doma mu bránila podstoupit řádnou léčbu. Po roce se v jeho kosti vyvinul nádor a on byl nucen k tomu, aby si dal pravou pánevní kost odstranit. Lékaři zavedli do jeho stehenní kosti a zbývající části pánve tenkou kovovou destičku a upevnili ji devíti šrouby. Nesnesitelná bolest upevněných šroubů mu neumožňovala chodit po schodech a ze schodů nebo chodit bez použití berlí.

Když Ganesh uslyšel o kampani, navštívil ji a zakusil planoucí skutek Ducha svatého. Druhý den této čtyřdenní kampaně, jakmile přijal "Modlitbu za nemocné", ucítil, jak se jeho tělo rozehřálo, jakoby bylo v hrnci s vařící vodou a už ve svém těle necítil žádnou bolest. Neprodleně vyšel na pódium a vydal svědectví o svém uzdravení. Od té doby necítil nikde ve svém těle bolest, nepoužíval berle a začal

"Třebaže jsem neměla dost síly, abych pohnula jediným prstem, věděla jsem, že když před Boha předstoupím, uzdraví mě. Moje naděje nebyla marná a Bůh ji naplnil!"

Žena narozená v Indii vstává po modlitbě Dr. Jaerocka Lee z invalidního vozíku a chodí svobodně chodit a běhat.

Žena vstává z invalidního vozíku v Dubaji

V dubnu 2003, když jsem byl v Dubaji ve Spojených arabských emirátech, vstala po mé modlitbě z invalidního vozíku žena narozená v Indii. Šlo o inteligentní ženu, která studovala ve Spojených státech. Kvůli osobním problémům utrpěla psychický šok, který byl spojen s dozvuky a komplikacemi po dopravní nehodě.

Když jsem tuto ženu uviděl poprvé, nebyla schopná chodit, neměla sílu mluvit a nedokázala zvednout své brýle ze země, když je upustila. Dodala, že je příliš slabá, aby něco napsala nebo zvedla sklenici vody. Když se jí ostatní pouze dotkli, cítila nesnesitelnou bolest. Po modlitbě nicméně ihned vstala ze svého invalidního vozíku. Dokonce i já sám jsem byl velmi ohromen touto ženou, která před několika minutami ještě neměla dost síly mluvit a nyní si sbalila své věci a vyšla z místnosti.

Jeremjáš 29:11 nám říká: "Neboť to, co s vámi zamýšlím, znám jen já sám, je výrok Hospodinův, jsou to myšlenky o pokoji, nikoli o zlu: chci vám dát naději do budoucnosti." Náš Otec Bůh nás tolik miloval, že za nás dal nelítostně svého jediného Syna. Proto, třebaže žijete žalostný život kvůli fyzickému postižení, máte díky víře v Boha Otce naději na to žít šťastný a zdravý život. On nechce vidět žádné ze svých dětí žít ve zkouškách a utrpení. Kromě toho touží dát každému na světě pokoj, radost, štěstí a budoucnost. Díky příběhu ochrnutého muže, který je zaznamenám ve 2. kapitole Markova evangelia, jste se dozvěděli o způsobech a metodách, díky kterým můžete získávat odpovědi na touhy svého srdce. Kéž se každý z vás připraví v nádobu víry a získá cokoliv, oč požádá. Takto se modlím ve jménu našeho Pána Ježíše Krista!

Osmé poselství
Lidé se radují, tančí a zpívají

Marek 7:31-37

*Ježíš se vrátil na území Týru
a šel přes Sidón k jezeru Galilejskému
územím Dekapole.
Tu k němu přivedou člověka
hluchého a špatně mluvícího
a prosí ho, aby na něj vložil ruku.
Vzal ho stranou od zástupu,
vložil prsty do jeho uší,
dotkl se slinou jeho jazyka,
vzhlédl k nebi, povzdechl
a řekl: 'Effatha,' což znamená 'otevři se!'
I otevřel se mu sluch,
uvolnilo se pouto jeho jazyka
a mluvil správně.
Ježíš jim nařídil, aby to nikomu neříkali.
Čím víc jim to však nařizoval,
tím více to rozhlašovali.
Nadmíru se divili a říkali:
'Dobře všecko učinil.
I hluchým dává sluch a němým řeč'*

V Matoušovi 4:23-24 najdeme následující:

Ježíš chodil po celé Galileji, učil v jejich synagógách, kázal evangelium království Božího a uzdravoval každou nemoc a každou chorobu v lidu. Pověst o něm se roznesla po celé Sýrii; přinášeli k němu všechny nemocné, postižené rozličnými neduhy a trápením, posedlé, náměsíčné, ochrnuté, a uzdravoval je.

Ježíš nejenom kázal Boží slovo a dobrou zprávu o Božím království, ale rovněž uzdravoval bezpočet lidí trpících rozličnými nemocemi. Uzdravováním nemocí, na které byla lidská moc krátká, se slovo, které Ježíš prohlašoval, vrývalo do srdcí lidí a on je díky jejich víře vedl do nebe.

Ježíš uzdravuje hluchoněmého muže

V 7. kapitole Marka je uveden příběh z doby, kdy Ježíš cestoval z Týru do Sidónu, odtud pak ke Galilejskému jezeru a území Dekapole a uzdravil hluchoněmého muže. Pokud někdo "špatně mluvil", znamená to, že koktal a nedokázal mluvit plynule. Muž z této pasáže se pravděpodobně učil mluvit, když byl ještě dítě, ale později ohluchnul a nyní "špatně mluvil".

Zkrátka a dobře, "hluchoněmý" je takový člověk, který se nenaučil mateřský jazyk a dobře jím mluvit kvůli své hluchotě, zatímco "nedoslýchavost" se vztahuje na obtíže se sluchem. Existuje mnoho způsobů, jak se někdo může stát hluchoněmým. Prvním z nich je dědičnost. Ve druhém případě se někdo stane hluchoněmým od narození, pokud matka trpí zarděnkami (jinak známými jako "Německé spalničky") nebo bere během těhotenství škodlivé léky. Ve třetím případě, pokud dojde k tomu, že dítě má diagnostifikovanou meningitidu ve věku tří nebo čtyř let, kdy se učí mluvit, může se stát hluchoněmým. Pokud jde o nedoslýchavost, tak jestliže praskl ušní bubínek, může zmírnit potíže naslouchátko. Je-li problém v samotném sluchovém nervu, žádný přístroj pro nedoslýchavé nepomůže. Co se týče jiných případů, kdy někdo pracuje ve velmi hlučném prostředí nebo se oslabení sluchu objeví jako jedna se známek přibývajícího věku, dá se říct, že neexistuje žádný základní lék.

Kromě toho, někdo se může stát hluchoněmým, protože je posedlý démonem. V takovém případě, když jedinec s duchovní autoritou vyžene zlé duchy, osoba začne slyšet a mluvit ihned. Když Ježíš v Markovi 9:25-27 pohrozil zlému duchovi v chlapci, který nemohl mluvit: "Duchu němý a hluchý, já ti nařizuji, vyjdi z něho a nikdy už do něho nevcházej!" (v.25), zlý duch ihned opustil chlapcovo tělo a chlapec byl zdráv.

Věřte, že když působí Bůh, žádná nemoc ani postižení nebude už nikdy představovat problém ani vás ohrožovat. Proto najdeme v Jeremjášovi 32:27: "Hle, já jsem Hospodin, Bůh veškerého tvorstva. Je pro mne něco nemožného?" Žalm 100:3 nás nabádá: "Vězte, Hospodin je Bůh, on nás učinil, a ne my sami sebe, jsme jeho lid, ovce, které pase," zatímco Žalm 94:9 nám připomíná: "Neslyší snad ten, jenž učinil ucho? Nedívá se snad ten, jenž vytvořil oko?" Když věříme z hloubi svého srdce ve všemohoucího Boha Otce, který učinil naše uši a oči, všechno je možné.

Proto bylo pro Ježíše, který přišel na tuto zemi v těle, všechno možné. Jak nalezneme v Markovi 7, když Ježíš uzdravil hluchoněmého muže, otevřel se mužův sluch a jeho slova se stala souvislými.

Pokud nejenom věříme v Ježíše Krista, ale rovněž se svou zralou vírou žádáme o Boží moc, i dnes se stane stejný skutek, jaký je zaznamenán v Bibli. Ohledně toho nám Židům 13:8 říká: "Ježíš Kristus je tentýž včera i dnes i na věky," zatímco Efezským 4:13 nám připomíná, abychom "všichni dosáhli jednoty víry a poznání Syna Božího, a tak dorostli zralého lidství, měřeno mírou Kristovy plnosti."

Degenerace částí těla nebo hluchota a němota jako důsledek odumření nervových buněk však nemohou být uzdraveny darem uzdravování. Pouze ten jedinec, který dosáhne plnosti Ježíše Krista, obdrží od Boha moc a autoritu a pokud se modlí v souladu s Boží vůlí, dojde k uzdravení.

Příklady uzdravení hluchoty v církvi Manmin

Stal jsem se svědkem mnoha případů, kdy byli lidé

Píseň díků lidí,
kteří byli uzdraveni z hluchoty

"S životem,
který jsi nám dal,
budeme chodit na zemi
a toužit po tobě."

Moje duše, která je čistá jako
křišťál,
přichází k tobě."

Diákonka Napshim Park vzdává Bohu slávu potom, co byla uzdravena z 55leté hluchoty uzdraveni z nedoslýchavosti a kdy bezpočet lidí, kteří neslyšeli už od narození, začali poprvé v životě slyšet. Patří mezi ně i dva lidé, kteří po padesáti pěti a padesáti sedmi letech poprvé uslyšeli.

V září 2000, když jsem vedl Festival zázračného uzdravování v Nagoji v Japonsku, bylo po mé modlitbě uzdraveno třináct lidí, kteří trpěli poruchami slyšení. Tyto zprávy se donesly zpět k mnoha lidem trpícím poruchami slyšení v Koreji a mnoho z nich navštívilo v květnu 2001 deváté Speciální dvoutýdenní probuzenecké setkání, kde byli uzdraveni a velmi chválili Boha.

Mezi nimi byla i třiceti tříletá žena, která byla hluchoněmá od nehody, která se jí přihodila v osmi letech. Potom, co byla krátce před setkáním v roce 2001 přivedena do naší církve, připravovala se na to, aby mohla od Boha dostávat odpovědi na své prosby. Tato žena navštěvovala každodenní "Danielova modlitební setkání" a jak se rozpomínala na své hříchy z minulosti, roztrhla před Bohem své srdce. Potom, co se s opravdovou touhou na probuzenecké setkání připravila, navštívila ho. Během posledního sezení celého setkání, když jsem vkládal ruce na hluchoněmé, abych se za ně pomodlil, žádnou okamžitou změnu nepocítila. Přesto však nebyla zklamaná. Namísto toho s radostí a vděčností sledovala svědectví těch, kteří byli uzdraveni, a ještě opravdověji věřila tomu, že ona může být také uzdravena.

Bůh to pokládal za víru a krátce po tomto setkání tuto ženu uzdravil. Viděl jsem, jak se skutky Boží moci projevovaly i po skončení tohoto setkání. Navíc, zkouška sluchu, kterou žena podstoupila, pouze dosvědčila kompletní uzdravení obou uší. Haleluja!

Uzdravení dívky s vrozenou hluchotou

Rozsah projevů Boží moci rok od roku stoupal. Na Kampani zázračného uzdravování v Hondurasu v roce 2002 začalo slyšet a mluvit mnoho lidí, kteří byli předtím hluší a němí. Když byla dcera šéfa bezpečnostní ochranky během kampaně uzdravena ze své celoživotní hluchoty, byla z toho velmi rozrušená a neobyčejně vděčná.

Jedno ucho osmileté Madeline Yaimin Bartres nerostlo tak, jak by mělo a ona postupně ztratila sluch. Potom, co uslyšela o chystané kampani, naléhavě žádala svého otce, aby ji tam vzal. Během chval se jí dostalo přehojné milosti a potom, co jsem se modlil za všechny nemocné, začala zřetelně slyšet. Protože její otec na kampani věrně sloužil, Bůh požehnal jeho dítěti tímto způsobem.

Jennifer odhazuje svá naslouchátka na Festivalu zázračného uzdravování a modliteb v Indii v roce 2002

Ačkoliv jsme nebyli schopni zaregistrovat všechna nesčetná svědectví o uzdravení během a po kampani v Indii, i za těch několik z nich nemůžeme jinak, než vzdát Bohu díky a slávu. Mezi takové případy patří i příběh dívky jménem Jennifer, která byla hluchá a němá už od narození. Lékař navrhnul, aby nosila naslouchátka, že to trochu zlepší její slyšení, ale připomněl jí, že sluch nemůže být nikdy bezvadný.

Zatímco se matka od Jennifer každý den za uzdravení své dcery modlila, navštívily společně kampaň. Matka a dcera seděly blízko jednoho z velikých reproduktorů, protože

Jennifer uzdravená ze své vrozené hluchoty a hodnocení jejího lékaře

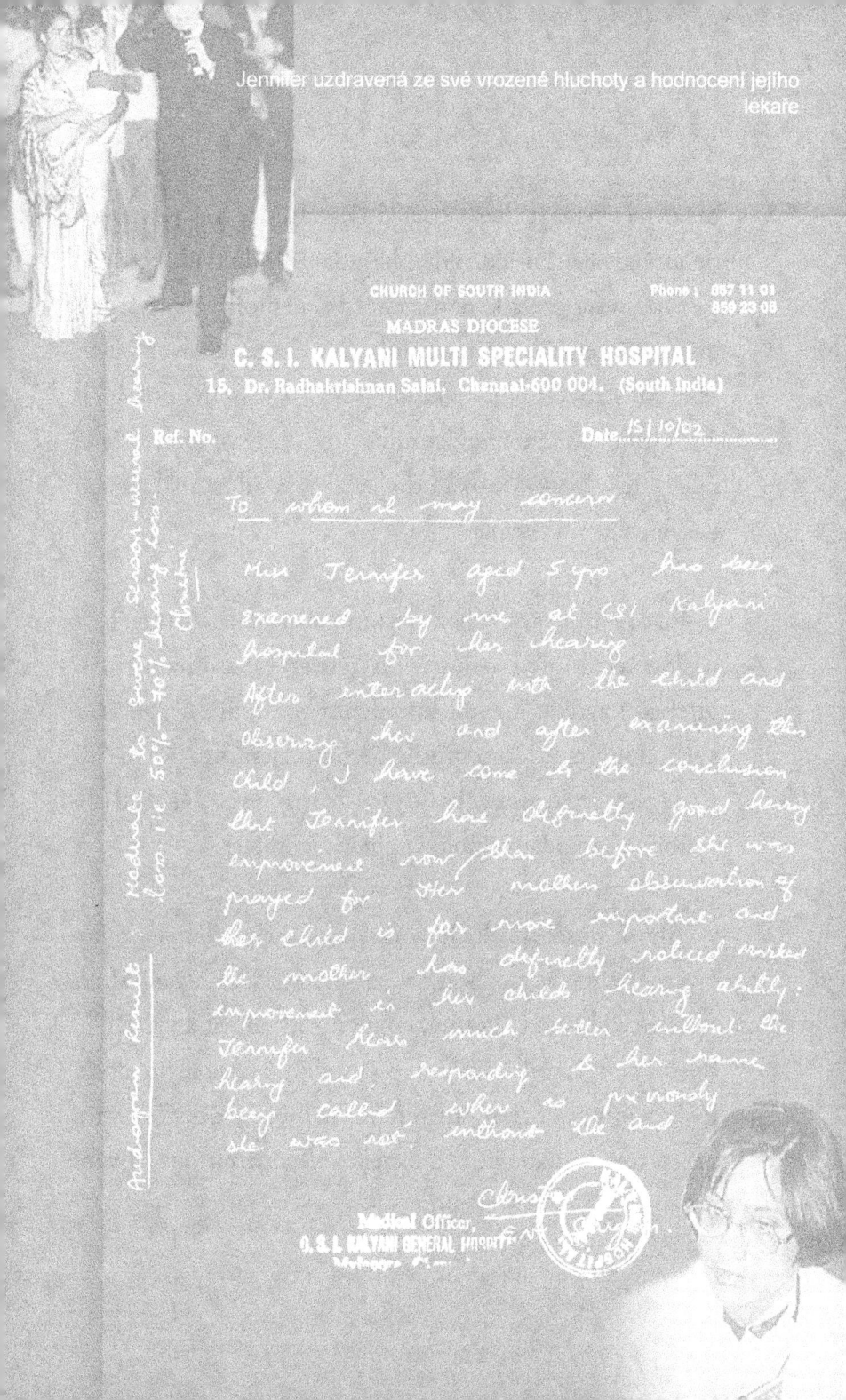

CHURCH OF SOUTH INDIA
Phone : 857 11 01
859 23 08
MADRAS DIOCESE
C. S. I. KALYANI MULTI SPECIALITY HOSPITAL
15, Dr. Radhakrishnan Salai, Chennai-600 004. (South India)

Ref. No. .... Date 15/10/02

To whom it may concern

Miss Jennifer aged 5 yrs has been examined by me at CSI Kalyani hospital for her hearing.

After interacting with the child and observing her and after examining the child, I have come to the conclusion that Jennifer has definitely good hearing improvement now than before she was prayed for. Her mother's observation of her child is far more important and the mother has definitely noticed marked improvement in her child's hearing ability. Jennifer hears much better without the hearing aid, responding to her name being called, where as previously she was not, without the aid

Audiogram result : Moderate to severe sensory-neural hearing loss i.e. 50% – 70% hearing loss.

Medical Officer,
C. S. I. KALYANI GENERAL HOSPITAL

blízkost hlasitého reproduktoru stejně Jennifer neobtěžovala. Poslední den kampaně však kvůli většímu zástupu, který se zde nashromáždil, nemohly najít žádná místa k sezení blízko reproduktoru. Co následovalo, bylo vskutku neuvěřitelné. Jakmile jsem z kazatelny dokončil modlitbu za nemocné, Jennifer pověděla své matce, že je zde velký hluk a požádala ji, aby jí odstranila z uší naslouchátka. Haleluja!

Podle lékařských záznamů sluch Jennifer bez naslouchátek před uzdravením nereagoval ani na nejvyšší intenzitu zvuku. Jinými slovy, Jennifer ztratila sto procent svého sluchu, ale po modlitbě bylo zjištěno, že 30~50 procent jejího sluchu bylo obnoveno. Následuje vyhodnocení od otorinolaryngologa Jennifer:

Abych posoudil sluchovou schopnost pětileté Jennifer, vyšetřil jsem ji ve všeobecné nemocnici C.S.I. Kalyani Multi Specialty Hospital. Potom, co jsem s ní mluvil a vyšetřil ji, dospěl jsem k závěru, že u ní po modlitbě zcela určitě došlo k významnému zlepšení sluchu. Mínění matky Jennifer tomu rovněž napovídá. Dospěla ke stejnému pozorování jako já: Sluch Jennifer se s určitostí zásadně zlepšil. V té době Jennifer dobře slyšela bez jakýchkoliv sluchových pomůcek, a když ji lidé volali jménem, dobře na to reagovala. K tomuto před modlitbou bez naslouchátek v žádném případě nedocházelo.

V těch, kdo připravují své srdce ve víře, se bezpochyby projevuje Boží moc. Samozřejmě, že existuje mnoho případů, ve kterých se stav pacienta zlepšuje den za dnem tak dlouho, dokud žije věrný život v Kristu.

Častokrát Bůh zpočátku nedává úplné uzdravení těm, kdo jsou hluší od svého útlého mládí. Pokud by začali dobře slyšet od chvíle, kdy jsou uzdraveni, bylo by pro ně obtížné snést všechny ty zvuky okolo. Jestliže lidé ztratili sluch potom, co dospěli, Bůh je může uzdravit hned, protože jim nezabere tolik času se zvukům přizpůsobit. V takových případech mohou být lidé nejprve zmateni, ale o den nebo dva později se uklidní a na svou schopnost slyšet si zvyknou.

V dubnu 2003, během mého výletu v Dubaji ve Spojených arabských emirátech, jsem se setkal s dvaatřicetiletou ženou, která ztratila řeč potom, co ve dvou letech prodělala zánět mozkových blan. Jakmile jsem se za ni pomodlil, velmi jasně řekla: "Děkuji!" Měl jsem její poznámku pouze za zdvořilou vděčnost, ale její rodiče mi řekli, že od té doby, co jejich dcera naposledy vyslovila: "Děkuji," uplynulo třicet let.

Jak zakusit moc, která umožňuje němým mluvit a hluchým slyšet

V Markovi 7:33-35 najdeme následující:

> Vzal ho stranou od zástupu, vložil prsty do jeho uší, dotkl se slinou jeho jazyka, vzhlédl k nebi, povzdechl a řekl: 'Effatha,' což znamená 'otevři se!' I otevřel se mu sluch, uvolnilo se pouto jeho jazyka a mluvil správně.

"Effatha" zde hebrejsky znamená "Otevřít". Když Ježíš přikázal svým původním hlasem stvoření, otevřel se muži sluch a uvolnil se mu jazyk.

Proč tedy předtím, než přikázal: "Ephphatha," vložil prsty do jeho uší? Římanům 10:17 nám říká: "Víra je tedy ze zvěstování a zvěstování z pověření Kristova." Protože tento muž neslyšel, nebylo pro něj snadné získat víru. Navíc tento muž nepředstoupil před Ježíše, aby získal uzdravení. Namísto toho přivedli tohoto muže k Ježíšovi nějací lidé. Vložením prstů do mužových uší Ježíš pomáhal muži získat víru skrze hmat Ježíšových prstů.

Pouze, když rozumíme duchovnímu významu zakotvenému v této scéně, ve které Ježíš projevil Boží moc, můžeme i my zakusit jeho moc. Jaké konkrétní kroky musíme udělat?

Abychom získali uzdravení, musíme mít nejprve víru.

Ten, kdo potřebuje uzdravit, musí mít alespoň malou víru. Nicméně, na rozdíl od dob Ježíše a díky civilizačnímu pokroku, existuje mnoho prostředků včetně znakového jazyka, díky kterým mohou i sluchově postižení narazit na evangelium. Před několika lety začala být simultánně překládána do znakového jazyka i všechna kázání v církvi Manmin. Kázání z minulosti jsou na webových stránkách rovněž neustále aktualizována ve znakovém jazyce.

Kromě toho můžete získávat víru mnoha různými způsoby včetně čtení knih, novin a časopisů, sledováním videonahrávek a poslouchaním audionahrávek tak dlouho, dokud nedojdete k rozhodnutí. Jakmile jednou víru získáte, můžete zakoušet Boží moc. Jako prostředky k získání víry jsem také zmínil mnoho svědectví.

Dále musíme získat odpuštění.

Proč Ježíš potom, co vložil prsty do mužových uší, plivl a dotkl se slinou jeho jazyka? Toto v duchovním slova smyslu symbolizuje křest vodou a bylo to nezbytné pro odpuštění mužových hříchů. Křest vodou znamená, že Božím slovem, které je jako čistá voda, máme být očištěni od všech našich hříchů. Abychom zakusili Boží moc, musí každý z nás nejprve vyřešit problém hříchu. Namísto toho, aby očistil mužovu nečistotu vodou, nahradil ji Ježíš svou slinou a symbolizoval tak odpuštění tomuto muži. Izajáš 59:1-2 nám říká: "Hle, Hospodinova ruka není krátká na spasení, jeho ucho není zalehlé, aby neslyšel. Jsou to právě vaše nepravosti, co vás odděluje od vašeho Boha, vaše hříchy zahalily jeho tvář před vámi, proto neslyší." Jak nám Bůh přislíbil ve 2 Paralipomenon 7:14: "A můj lid, který se nazývá mým jménem, se pokoří a bude se modlit a vyhledávat mě a odvrátí se od svých zlých cest, tehdy je vyslyším z nebes, odpustím jim jejich hřích a uzdravím jejich zemi," abychom dostávali od Boha odpovědi, musíme se pravdivě podívat zpět na sebe, roztrhnout své srdce a činit pokání.

Z čeho bychom se měli před Bohem kát?

Za prvé, musíte se kát z toho, že jste dříve nevěřili v Boha a nepřijali Ježíše Krista. V Janovi 16:9 nám Ježíš říká, že Duch svatý usvědčí svět z viny, pokud jde o hřích, protože lidé v něho nevěří. Musíte si uvědomit, že nepřijmout Pána je hřích, a věřit v Pána a Boha.

Za druhé, musíte činit pokání, jestliže jste nemilovali své bratry. 1. list Janův 4:11 nám říká: "Milovaní, jestliže Bůh nás tak miloval, i my se máme navzájem milovat." Jestliže vás váš bratr nenávidí, namísto toho, abyste ho na oplátku také nenáviděli, musíte být tolerantní a odpouštějící. Musíte rovněž milovat své nepřátele, usilovat nejprve o jejich prospěch a myslet a jednat, jako byste byli v jejich kůži. Když začnete milovat všechny lidi, Bůh vám také prokáže svůj soucit, milosrdenství a skutek uzdravení.

Za třetí, musíte činit pokání, pokud jste se modlili za sobecké zájmy. Bůh nemá zalíbení v těch, kdo se modlí se sobeckými motivy. Neodpoví vám. Nyní už se musíte modlit v souladu s Boží vůlí.

Za čtvrté, musíte činit pokání, jestliže jste se modlili, ale pochybovali. V listu Jakubově 1:6-7 čteme: "Nechť však prosí s důvěrou a nic nepochybuje. Kdo pochybuje, je podoben mořské vlně, hnané a zmítané vichřicí. Ať si takový člověk nemyslí, že od Pána něco dostane." Proto tedy, když se modlíme, musíme se modlit s vírou a líbit se Bohu. Navíc, jak nám Židům 11:6 připomíná: "Bez víry však není možné zalíbit se Bohu," odhoďte všechny své pochybnosti a proste s důvěrou.

Za páté, musíte činit pokání, pokud jste nezachovávali Boží nařízení. Jak nám říká Ježíš v Janovi 14:21: "Kdo přijal má přikázání a zachovává je, ten mě miluje. A toho, kdo mě miluje, bude milovat můj Otec; i já ho budu milovat a dám mu to poznat," když projevíte důkaz své lásky k Bohu tím, že zachováváte jeho nařízení, můžete od něj dostávat odpovědi na své prosby. Čas od času se věřící stanou obětí dopravní nehody. To proto, že většina z nich nedodržuje Hospodinův svatý den odpočinku nebo nedává celý desátek. Protože nedodržují nejzákladnější soubor pravidel určených křesťanům, desatero přikázání, nemohou být pod Boží ochranou. Mezi těmi, kdo věrně zachovávají Boží nařízení, se někteří zapletou do nehody z vlastního přičinění. Avšak, Bůh je ochrání. V takových případech zůstanou lidé uvnitř zdemolovaného vozidla nezraněni, protože Bůh je miluje a projevuje jim tím důkaz své lásky.

Navíc lidé, kteří neznali Boha, jsou často po modlitbě rychle uzdraveni. To proto, že samotná skutečnost, že přišli do církve, je skutek víry a Bůh v nich působí. Nicméně když mají lidé víru a znají pravdu, ale stále neposlouchají Boží nařízení a nežijí podle Božího slova, stane se to hradbou mezi Bohem a těmito lidmi, a proto nedojdou uzdravení. Důvod, proč Bůh tak silně působí mezi nevěřícími během Velikých sjednocených kampaní je ten, že samotná skutečnost, že ti, kdo uctívají modly, uslyší zprávy o kampani a navštíví ji, je v Božích očích považována za víru.

Za šesté, musíte se kát, jestliže jste nezaseli. Jak nám říká Galatským 6:7: "Co člověk zaseje, to také sklidí," abyste zakusili Boží moc, musíte nejprve horlivě navštěvovat bohoslužby. Pamatujte, že když zasěváte svým tělem, dostane se vám požehnání v podobě zdraví, a když zaséváte svým majetkem, obdržíte požehnání v podobě majetku. A tak, jestliže jste chtěli sklízet, aniž byste zaseli, musíte se z toho kát.

V 1. listu Janově 1:7 čteme: "Jestliže však chodíme v světle, jako on je v světle, máme společenství mezi sebou a krev Ježíše, jeho Syna, nás očišťuje od každého hříchu." Navíc, když se pevně držíte Božího příslibu v 1. listu Janově 1:9: "Jestliže doznáváme své hříchy, on je tak věrný a spravedlivý, že nám hříchy odpouští a očišťuje nás od každé nepravosti," ujistěte se, že se díváte zpět na sebe, činíte pokání a chodíte ve světle.

Kéž obdržíte Boží milost, dostanete, oč požádáte a díky Boží moci získáte nejenom požehnání v podobě zdraví, ale rovněž požehnání ve všech záležitostech a oblastech vašeho života. Takto se modlím ve jménu našeho Pána Ježíše Krista!

Deváté poselství
Neutuchající Boží prozíravost

Deuteronomium 26:16-19

*Dnešního dne ti Hospodin, tvůj Bůh,
přikazuje, abys dodržoval tato nařízení a právní
ustanovení.
Budeš je bedlivě dodržovat celým svým srdcem
a celou svou duší.
Prohlásil jsi při Hospodinu, že ti bude Bohem
a ty že budeš chodit po jeho cestách
a dbát na jeho nařízení,
přikázání a právní ustanovení
a že ho budeš poslouchat.
A Hospodin prohlásil dnes tobě, že budeš jeho lidem,
zvláštním vlastnictvím, jak k tobě mluvil.
Budeš dbát na všechna jeho přikázání
a on tě vyvýší nade všechny pronárody,
které učinil.
Budeš mu chválou, věhlasem a okrasou,
budeš svatým lidem Hospodina,
svého Boha, jak mluvil.*

Pokud by lidé měli vybrat nejvyšší možnou formu lásky, mnoho lidí by zvolilo rodičovskou lásku, zvláště pak lásku matky k malému dítěti. Avšak v Izajášovi 49:15 čteme: "Cožpak může zapomenout žena na své pacholátko, neslitovat se nad synem vlastního života? I kdyby některé zapomněly, já na tebe nezapomenu." Přehojná Boží láska je nesrovnatelná s láskou matky k jejímu malému dítěti.

Bůh lásky chce, aby všichni lidé nejenom dosáhli spasení, ale rovněž se radovali z věčného života, požehnání a potěšení v přenádherném nebi. Proto Bůh provádí své děti zkouškami a utrpením a chce jim dát vše, oč požádají. Bůh rovněž vede každého z nás k tomu, aby žil požehnaný život nejenom na zemi, ale i věčný život, který rovněž jednou přijde.

Nyní skrze moc a proroctví, která nám Bůh ve své lásce dal, budeme zkoumat Boží prozíravost pro církev Manmin Central Church.

Boží láska chce spasit všechny duše

Ve 2. listu Petrově 3:3-4 nalezneme následující:

Především vám chci říci, že ke konci dnů přijdou posměvači, kteří žijí, jak se jim zachce, a budou se posmívat: "Kde je ten jeho zaslíbený příchod? Od té doby, co zesnuli otcové, všecko zůstává tak, jak to bylo od počátku stvoření".

Existuje mnoho lidí, kteří nám nebudou věřit, když jim řekneme o konci věků. Protože slunce vždy vycházelo a zapadalo, protože se lidé vždy rodili a umírali, a protože se civilizace vždy vyvíjela, takoví lidé přirozeně předpokládají, že všechno bude pokračovat dál a dál pořád dokola.

Jako existuje začátek a konec lidského života, tak pokud je zde začátek v historii lidstva, je zde zajisté i konec. Až nastane doba, kterou si Bůh zvolí, všechno ve vesmíru bude čelit konci. Všichni lidé, kteří kdy od Adama na zemi žili, budou souzeni. Podle toho, jak kdo na zemi žil, půjde do nebe nebo do pekla.

Na jednu stranu, lidé, kteří věří v Ježíše Krista a žijí podle Božího slova, půjdou do nebe. Na druhou stranu, lidé, kteří nevěří ani po tom, co byli evangelizováni, a lidé, kteří nežijí podle Božího slova, ale namísto toho žijí v hříchu a špatnosti, třebaže vyznávají svou víru v Pána, půjdou také do pekla. Proto Bůh dychtí po tom, aby se evangelium rozšířilo po celém světě co nejrychleji, aby mohly získat spasení další duše.

Boží moc se šíří na konci věků

Pravý důvod, proč Bůh založil církev Manmin Central Church a projevuje zde úžasnou moc, leží zde. Projevem své moci chce Bůh poskytnout důkaz existence pravého Boha a osvětlit lidem realitu nebe a pekla. Jak nám Ježíš řekl v Janovi 4:48: "Neuvidíte-li zázraky a znamení, neuvěříte," obzvláště v době, ve které hřích a zlo vzkvétají a vědomosti se zdokonalují, je skutek moci, který dokáže otřást lidským myšlením, ještě nezbytnější. Proto na konci věků Bůh tříbí Manmin a žehná této církvi ještě větší mocí.

Navíc se blíží ke svému konci rovněž tříbení lidstva, které Bůh naplánoval. Dokud nenastane doba, kterou si Bůh zvolí, je moc nezbytným nástrojem, který může spasit všechny lidi, kteří mají šanci získat spasení. Pouze prostřednictvím moci lze dovést rychlejším tempem více lidí ke spasení.

Kvůli neustálému pronásledování a utrpení je mimořádně obtížné šířit evangelium do některých zemí světa a existuje ještě hodně lidí, kteří evangelium vůbec neslyšeli. Kromě toho, i mezi těmi, kteří vyznávají svou víru v Pána, není množství lidí s opravdovou vírou tak vysoké, jak si lidé myslí. V Lukášovi 18:8 se nás Ježíš ptá: "Ale nalezne Syn člověka víru na zemi, až přijde?" Mnoho lidí navštěvuje církev, ale bez většího rozdílu od lidí ze světa pokračují v životě v hříchu.

Přesto i v zemích a končinách světa, kde panuje tvrdé pronásledování křesťanství, vykvete víra, která se nebojí smrti a následuje plamenné šíření evangelia, jakmile lidé zakusí působení Boží moci. Lidé, kteří žijí v hříchu bez opravdové víry, jsou potom, co přímo zakusí skutky moci živého Boha, zmocněni žít podle Božího slova.

Na mnoha misijních výjezdech do ciziny jsem byl v zemích, které legálně zakazují evangelizaci a kázání evangelia a pronásledují církev. V takových zemích jako Pákistán a Spojené arabské emiráty, v nichž obou vzkvétá islám, a v převážně hinduistickém státě Indii, jsem byl přítomen tomu, že když se svědčí o Ježíši Kristu a projevují se důkazy, díky kterým lidé mohou uvěřit v živého Boha, bezpočet duší konvertuje a získává spasení. Třebaže uctívali modly, jakmile zakusili působení Boží moci, začali lidé přijímat Ježíše Krista bez strachu z právních následků. To svědčí o absolutní velikosti Boží moci.

Jako farmář sklízí svou úrodu při sklizni, Bůh projevuje takovou úžasnou moc, že může sklízet všechny duše, které mají získat spasení v posledních dnech.

Znamení konce věků zaznamenaná v Bibli

Podle Božího slova zaznamenaného v Bibli můžeme dokonce říci, že doba, ve které žijeme, se blíží konci věků. Ačkoliv nám Bůh neřekl přesné datum a čas konce věků, dal nám klíče, podle kterých můžeme konec věků rozpoznat. Stejně jako dokážeme předvídat, že když se začnou shromažďovat mraky, blíží se déšť, tak nám způsobem, kterým se odhalují samotné dějiny, znamení v Bibli umožňují předpovídat poslední dny.

Například ve 21. kapitole Lukášova evangelia najdeme: "Až uslyšíte o válkách a povstáních, neděste se: neboť to musí nejprve být, ale konec nenastane hned" (v.9), a "Budou veliká zemětřesení a v mnohých krajinách hlad a mor, hrůzy a veliká znamení z nebes" (v.11).

Ve 2 Timoteovi 3:1-5 čteme následující:

Věz, že v posledních dnech nastanou zlé časy. Lidé budou sobečtí, chamtiví, chvástaví, domýšliví, budou se rouhat, nebudou poslouchat rodiče, budou nevděční, bezbožní, bez lásky, nesmiřitelní, pomlouvační, nevázaní, hrubí, lhostejní k dobrému, zrádní, bezhlaví, nadutí, budou mít raději rozkoš než Boha, budou se tvářit jako zbožní, ale svým jednáním to budou popírat. Takových lidí se straň.

Po celém světě dochází k mnoha katastrofám a znamením a srdce a mysl lidí jsou v dnešní době zkaženější a zkaženější. Každý týden dostávám ústřižky nových příběhů z všelijakých událostí a nehod a množství těchto ústřižků stále přibývá. To znamená, že na světě dochází k mnoha neštěstím, katastrofám a špatnostem.

Lidé však nejsou na tyto události a nehody tak citliví jako bývali. Protože se dnes a denně setkávají s příliš mnoha příběhy z takovýchto událostí a nehod, stali se na ně imunní. Většina z nich už brutální zločiny, hrozné války, přírodní katastrofy a oběti takových ukrutností a pohrom nebere vážně. Takové události kdysi plnily titulky médií. Nicméně pokud nejsou hluboce dojemné nebo se nepřihodí těm, které lidé znají, pro většinu lidí nejsou takové události tak významné a brzy zůstanou zapomenuty.

Způsobem, kterým se odhalují samotné dějiny, svědčí lidé, kteří jsou bdělí a udržují s Bohem jasnou komunikaci, jedním hlasem o tom, že příchod našeho Pána se blíží.

Proroctví o konci věků
a Boží prozíravost pro církev
Manmin Central Church

Díky Božím proroctvím zjeveným církvi Manmin můžeme opravdu říct, že je konec věků. Od založení církve Manmin až do dnešního dne Bůh předpověděl výsledky prezidentských a parlamentních voleb, smrt významných a všeobecně známých osobností jak v Koreji, tak i v zahraničí a mnoho dalších událostí, které utvářejí historii světa.

V mnoha případech jsem takové informace ve zkratce zveřejnil v týdenním církevním zpravodaji. Když byl obsah příliš citlivý, prozradil jsem to pouze několika jedincům. V posledních letech jsem z kazatelny čas od času provolával zjevení týkající se Severní Koreje, Spojených států a události, které se měly dít po celém světě.

Většina proroctví se naplnila, jak byla předpovězena a

proroctví, která se ještě mají naplnit, se týkají událostí, které buď probíhají, nebo ještě mají přijít. Pozoruhodným faktem je, že většina proroctví týkajících se událostí, které mají nastat, se zabývá posledními dny. Protože je mezi nimi Boží prozíravost pro církev Manmin Central Church, prozkoumáme několik z těchto proroctví.

První proroctví se týká vztahů mezi Severní a Jižní Koreou.

Od založení církve Manmin nám Bůh zjevil o Severní Koreji velmi mnoho věcí. To proto, že jsme byli v posledních dnech povoláni k evangelizaci Severní Koreje. V roce 1983 nám Bůh předpověděl summit mezi vůdci Severní a Jižní Koreje a jeho důsledky. Brzy po summitu měla Severní Korea dočasně otevřít své dveře světu, ale měla je zanedlouho znovu zavřít. Bůh nám řekl, že když se Severní Korea otevře, svaté evangelium a Boží moc vstoupí do země a bude následovat evangelizace. Bůh nám řekl, abychom pamatovali, že příchod Pána bude blízko ve chvíli, kdy se Severní i Jižní Korea vyjádří určitým způsobem. Protože mi Bůh řekl, abych to, jak se obě Koreje "vyjádří určitým způsobem", držel v tajemství, nemohu tuto informaci ještě prozradit. Jak většina z vás ví, summit mezi vůdci obou Korejí se konal v roce 2000. Mohli jste pravděpodobně cítit, že Severní Korea podléhající mezinárodnímu tlaku, otevře zanedlouho své dveře.

Druhé proroctví se týká povolání ke světové misii.

Bůh připravil pro církev Manmin spoustu zahraničních kampaní, na kterých se shromáždily desítky tisíc, stovky tisíc a milióny lidí a požehnal nám, abychom mohli rychle evangelizovat svět jeho úžasnou mocí. Tyto kampaně zahrnují Kampaň svatého evangelia v Ugandě, z níž byly zprávy mezinárodně vysílány na Cable News Network (CNN); Uzdravovací kampaň v Pákistánu, která otřásla islámským světem a otevřela dveře misijní práci na

Středním východě; Kampaň svatého evangelia v Keni, na které bylo uzdraveno velmi mnoho nemocí včetně AIDS; Sjednocená uzdravovací kampaň na Filipínách, na které se mohutně projevovala Boží moc; Kampaň zázračného uzdravování v Hondurasu, která seslala hurikán Ducha svatého; a Kampaň a festival zázračného uzdravování a modliteb v Indii, největší hinduistické zemi na světě, na které se během čtyřdenní kampaně shromáždily více než tři milióny lidí. Všechny tyto kampaně sloužily jako odrazový můstek, ze kterého mohla církev Manmin vstoupit do Izraele, konečného cíle.

Podle svého velkého plánu tříbení lidstva Bůh stvořil Adama a Evu a potom, co začal život na zemi, lidstvo rozmnožil. Mezi mnoha lidmi si Bůh vyvolil jeden národ, Izrael, potomky Jákobovy. Skrze dějiny Izraelitů chtěl Bůh zjevit svou slávu a prozíravost pro tříbení lidstva nejenom Izraeli, ale také všem lidem na světě. Izraelský lid tak slouží jako model pro tříbení lidstva a dějiny Izraele, kterým vládne samotný Bůh, jsou nejenom dějinami jednoho národa, ale Božím poselstvím pro všechny lidi. Navíc, před ukončením tříbení lidstva, které začalo Adamem, Bůh chtěl, aby se evangelium vrátilo do Izraele, ze kterého pochází. Je však nesmírně obtížné vést v Izraeli křesťanské shromáždění a šířit evangelium. V Izraeli je vyžadován projev Boží moci, která dokáže otřást nebem a zemí a naplnění této části Boží prozíravosti je povolání určené pro církev Manmin v posledních dnech.

Skrze Ježíše Krista Bůh dokončil prozíravost spasení lidstva a umožnil každému, kdo přijme Ježíše jako svého Spasitele, získat věčný život. Boží vyvolený lid Izrael však neuznal Ježíše jako Mesiáše. Navíc, izraelský lid neporozumí prozíravosti spasení skrze Ježíše Krista až do chvíle, kdy budou jeho děti uchváceny v oblacích vzhůru.

Bůh chce, aby izraelský lid v posledních dnech činil pokání a přijal Ježíše jako svého Spasitele, aby mohl dosáhnout spasení. Proto Bůh umožnil, aby svaté evangelium vešlo do Izraele a šířilo se v něm skrze vznešené povolání, které dal církvi Manmin. Nyní, když byl klíčový odrazový můstek pro misijní dílo na Středním východě vybudován v dubnu 2003, učiní církev Manmin v souladu s

Boží vůlí konkrétní přípravy týkající se Izraele a uskuteční Boží prozíravost.

Třetí proroctví se týká výstavby velkého chrámu.

Brzy po založení církve Manmin, jak Bůh zjevil svou prozíravost pro poslední dny, dal nám i povolání k výstavbě velkého chrámu, který odhalí Boží slávu všem lidem na světě.

Ve starozákonní době bylo možné získat spasení skutky. Třebaže konkrétní hřích neopustil srdce člověka, do té doby, dokud nebyl hřích spáchán navenek, každý mohl být spasen. Chrám ze starozákonní doby byl chrámem, ve kterém lidé uctívali Boha pouze skutky, jak předepisoval zákon.

Během novozákonní doby však přišel Ježíš a naplnil zákon láskou. Spasení tak získáváme naší vírou v Ježíše Krista. Chrám, po kterém Bůh touží v novozákonní době, bude postaven nejenom skutky, ale také srdcem. Tento chrám má být vybudován skutečnými Božími dětmi, které opustily hřích, a to s posvěceným srdcem a jejich láskou k Bohu. Z tohoto důvodu Bůh dopustil, aby byl chrám ze starozákonní doby zničen a přál si, aby byl postaven nový chrám skutečného duchovního významu.

Proto lidé, kteří mají velký chrám vystavět, musí být v Božích očích považováni za vhodné. Musí být Božími dětmi, které mají obřezané, svaté a čisté srdce naplněné vírou, nadějí a láskou. Když Bůh uvidí velký chrám postavený jeho posvěcenými dětmi, nepotěší ho pouze vzhled budovy. Namísto toho si spolu s velkým chrámem vybaví proces, díky kterému byl velký chrám postaven a vzpomene si na každé ze svých skutečných dětí, které jsou ovocem jeho slz, oběti a trpělivosti.

Velký chrám si s sebou nese hluboký význam. Bude sloužit jako památník tříbení lidstva stejně jako symbol útěchy pro Boha potom, co sklidí dobrou úrodu. Bude postaven v posledních dnech, protože jde o velkolepý stavební projekt, který zjeví Boží slávu všem lidem na světě. S průměrem 600 metrů (okolo 1970 stop) a výškou 70

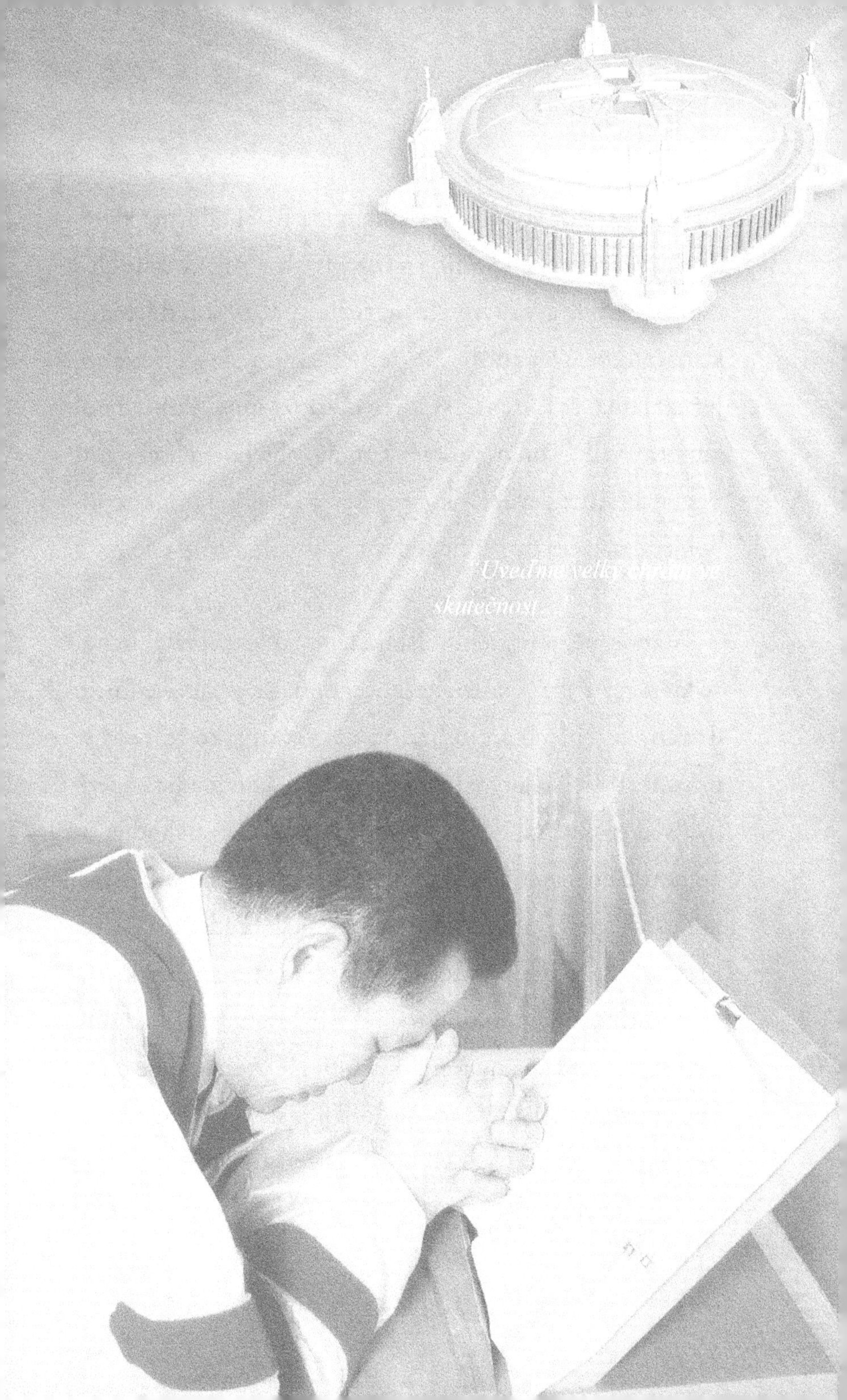

"Uveďme velký chrám ve skutečnost..."

metrů (230 stop) bude velký chrám masivní budovou, která bude učiněna z všemožných druhů překrásných, výjimečných a vzácných materiálů a do každé části konstrukce a výzdoby bude vtisknuta sláva nového Jeruzaléma, šestidenní stvoření a Boží moc. Pohled na samotný velký chrám postačí k tomu, aby lidé museli cítit Boží majestát a slávu. Dokonce i nevěřící budou žasnout při pohledu na něj a uznají Boží slávu.

A konečně, postavení velkého chrámu je příprava archy, ve které má získat spasení bezpočet duší. Když v posledních dnech, kdy hřích a zlo budou vzkvétat, jako to bylo v případě doby Noeho, vstoupí do velkého chrámu lidé, kteří byli vedeni Božími dětmi, které Bůh pokládá za vhodné, a začnou v něho věřit, budou moci získat spasení. Ještě více lidí uslyší zprávy o Boží slávě a moci, a tak přijdou a sami se přesvědčí. Když přijdou, projeví se spousta důkazů svědčících o Bohu. Budou rovněž vyučováni o tajemstvích duchovního světa a poučeni o vůli Boha, který usiluje o to, aby sklízel skutečné děti podobající se jeho vlastnímu obrazu.

Velký chrám bude sloužit jako základna poslední fáze celosvětově šířeného evangelia před příchodem Pána. Navíc, Bůh pověděl církvi Manmin, že až nastane čas, aby stavba velkého chrámu započala, povede bohaté a mocné krále a ostatní jedince k tomu, aby pomohli s výstavbou.

Od jejího založení zjevoval Bůh církvi Manmin Central Church proroctví o posledních dnech a svou prozíravost pro ni. Až do dnešního dne pokračuje v projevování své stále větší moci a naplňování svého slova. V celé historii naší církve Bůh sám vedl církev Manmin, aby uskutečňoval svou prozíravost. Kromě toho nás povede až do chvíle, než se Pán vrátí, abychom vykonali všechny úkoly, kterými nás pověřil, a zjevovali slávu Pána po celém světě.

V Janovi 14:11 nám Ježíš říká: "Věřte mi, že já jsem v Otci a Otec ve mně; ne-li, věřte aspoň pro ty skutky!" V Deuteronomiu 18:22 najdeme: "Nuže, promluví-li prorok jménem Hospodinovým a věc se nestane a nesplní, nepromluvil to slovo Hospodin. Opovážlivě je mluvil ten prorok sám; nelekej se toho." Doufám, že skrze moc a proroctví projevovaná a zjevovaná v církvi Manmin Central Church porozumíte Boží prozíravosti.

Při uskutečňování své prozíravosti skrze církev Manmin Central Church v posledních dnech Bůh nedal této církvi probuzení a moc přes noc. Zkoušel a tříbil nás déle než dvacet let. Podobně jako když šplháte na vysoký a strmý sráz a plavíte se přes vysoké vlny v rozbouřeném moři, Bůh i nás opakovaně vedl zkouškami a z lidí, kteří v těchto zkouškách obstáli svou pevnou vírou, připravil nádobu, která může uskutečňovat světovou misii.

Toto se vztahuje také na každého z vás. Víra, díky které může člověk vejít do nového Jeruzaléma, nevyroste ani nevykvete přes noc; musíte být vždy bdělí a připraveni na den, kdy se náš Pán vrátí. Především však musíte zničit hradbu z hříchů a s neměnnou a horlivou vírou běžet vstříc nebi. Když postupujete vpřed s tímto druhem neměnného rozhodnutí, Bůh bezpochyby požehná vaší duši, aby se jí po celou dobu dobře dařilo, a odpoví na touhy vašeho srdce. Navíc vám Bůh dá duchovní schopnosti a autoritu, díky kterým si vás bude moci použít jako svou vzácnou nádobu pro svou prozíravost v posledních dnech.

Kéž se každý z vás pevně drží své horlivé víry, než se Pán vrátí a setká se s vámi ve věčném nebi a ve městě nový Jeruzalém. Takto se modlím ve jménu našeho Pána Ježíše Krista.

Autor
Dr. Jaerock Lee

Dr. Jaerock Lee se narodil v roce 1943 v Muanu, v provincii Jeonnam, v Korejské republice. Ve svých dvaceti letech trpěl Dr. Lee po dobu sedmi let rozmanitými nevyléčitelnými chorobami a očekával smrt bez jakékoliv naděje na uzdravení. Jednoho jarního dne v roce 1974 ho jeho sestra odvedla na církevní shromáždění, a když poklekl, aby se pomodlil, živý Bůh ho okamžitě uzdravil ze všech jeho nemocí.

Od chvíle, kdy se skrze tuto úžasnou zkušenost Dr. Lee setkal s živým Bohem, začal Boha upřímně milovat celým svým srdcem a v roce 1978 byl povolán k tomu, aby se stal Božím služebníkem. Vroucně se modlil, aby mohl jasně porozumět Boží vůli, cele ji vykonávat a být poslušen celému Božímu slovu. V roce 1982 založil v Soulu, v Jižní Koreji, církev Manmin Central Church, kde se koná nesčetné Boží dílo včetně nadpřirozených uzdravení a zázraků.

V roce 1986 byl Dr. Lee při výročním shromáždění církve Jesus' Sungkyul Church of Korea ustanoven pastorem a o čtyři roky později, v roce 1990, začala být jeho kázání vysílána prostřednictvím rozhlasových stanic the Far East Broadcasting Company, the Asia Broadcast Station a the Washington Christian Radio System v Austrálii, Rusku, na Filipínách a v mnoha dalších zemích.

O tři roky později, v roce 1993, byla církev Manmin Central Church vybrána časopisem Christian World (USA) mezi "50 nejpřednějších církví na světě" a Dr. Lee obdržel od fakulty Christian Faith College na Floridě čestný doktorát z teologie. V roce 1996 získal za svou službu od semináře Kingsway Theological Seminary v Iowě titul Ph. D.

Od roku 1993 převzal Dr. Lee vedení světové misie prostřednictvím mnoha zahraničních cest do amerických měst Los Angeles, Baltimoru a New Yorku, dále na Havaj, do Tanzánie, Argentiny, Ugandy, Japonska, Pákistánu, Keni, na Filipíny, do Hondurasu, Indie, Ruska, Německa, Peru, Demokratické republiky Kongo a do

Izraele. V roce 2002 byl většinou křesťanských novin v Koreji kvůli své práci na rozmanitých zahraničních cestách nazván "celosvětovým pastorem."

K září 2010 je církev Manmin Central Church kongregací s více než 100 000 členy. Má rovněž 9 000 domácích a zahraničních poboček po celé zeměkouli. Až doposud vyslala více než 132 misionářů do 23 zemí včetně Spojených států, Ruska, Německa, Kanady, Japonska, Číny, Francie, Indie, Keni a mnoha dalších.

Ke dni vydání této knihy napsal Dr. Lee 60 knih včetně bestselerů Tasting Eternal Life before Death (Ochutnání věčného života před smrtí), My Life My Faith I & II (Můj život, má víra I & II), The Message of the Cross (Poselství kříže), The Measure of Faith (Měřítko víry), Heaven I & II (Nebe I & II), Hell (Peklo) a The Power of God (Boží moc). Jeho díla byla přeložena do více než 44 jazyků.

Jeho křesťanské sloupky se objevují v The Hankook Ilbo, The JoongAng Daily, The Dong-A Ilbo, The Munhwa Ilbo, The Seoul Shinmun, The Kyunghyang Shinmun, The Hankyoreh Shinmun, The Korea Economic Daily, The Korea Herald, The Shisa News, a v The Christian Press.

Dr. Lee je v současné době vedoucím mnoha misionářských organizací a asociací včetně: předseda The United Holiness Church of Jesus Christ; prezident Manmin World Mission; stálý prezident The World Christianity Revival Mission Association; zakladatel Manmin TV; zakladatel & předseda výboru Global Christian Network (GCN); zakladatel & předseda výboru World Christian Doctors Network (WCDN); a zakladatel & předseda výboru Manmin International Seminary (MIS).

Další mocné knihy od stejného autora

Nebe I & II

Podrobný náčrt úžasného životního prostředí, z kterého se budou těšit nebeští občané a krásný popis různých úrovní nebeských království.

Můj Život, Má Víra I & II

Nejvoňavější duchovní vůně vytažená z života, který vykvetl z nepřekonatelné Boží lásky uprostřed temných vln, chladného jha a nejhlubšího zoufalství.

Ochutnání Věčného Života před Smrtí

Svědecké paměti reverenda Dr. Jaerocka Lee, který se znovu narodil, byl spasen z údolí stínů smrti a vede příkladný křesťanský život.

Měřítko Víry

Jaký nebeský příbytek, koruna a odměna jsou pro vás připraveny v nebi? Tato kniha vám poskytne moudrost a vedení, abyste dokázali změřit svou víru, co nejlépe ji tříbit a dozrát v ní.

Peklo

Vážné poselství celému lidstvu od Boha, který si přeje, aby ani jedna duše nepropadla do hloubek pekla! Objevíte nikdy předtím nezjevený popis kruté reality dolního podsvětí a pekla.

www.urimbooks.com

www.ingramcontent.com/pod-product-compliance
Lightning Source LLC
LaVergne TN
LVHW021812060526
838201LV00058B/3347